Collection littérature

Rêver la lune

L'imaginaire de Michel Tremblay
dans les Chroniques du Plateau Mont-Royal

Cahiers du Québec

fondés par
Robert Lahaise

Directeurs des collections :

Beaux-Arts
François-Marc Gagnon

Communications
Claude-Yves Charron

Cultures amérindiennes

Droit et criminologie
Jean-Paul Brodeur

Éducation / Psychopédagogie
Michel Allard

Ethnologie
Jocelyne Mathieu

Géographie
Hugues Morrissette

Histoire et documents d'histoire
Jean-Pierre Wallot

Littérature et documents littéraires

Musique
Lyse Richer

Philosophie
Georges Leroux

Science politique
Claude Corbo

Sociologie
Guy Rocher

André Brochu

Rêver la lune

L'imaginaire de Michel Tremblay
dans les Chroniques
du Plateau Mont-Royal

CAHIERS DU QUÉBEC HMH COLLECTION LITTÉRATURE

Données de catalogage avant publication (Canada)

Brochu, André, 1942

Rêver la lune. L'imaginaire de Michel Tremblay dans les Chroniques
du Plateau Mont-Royal
(Les Cahiers du Québec ; CQ 128. Collection Littérature)
Comprend des réf. Bibliog.

ISBN 2-89428-565-5

1. Tremblay, Michel, 1942- . Chroniques du Plateau Mont-Royal. 2. Tremblay,
Michel, 1942- . Critique et interprétation. 3. Imaginaire dans la littérature. 4. Lune dans
la littérature. I. Titre. II. Collection : Cahiers du Québec ; CQ 128. III. Collection :
Cahiers du Québec. Collection Littérature.

PS8539.R47Z58 2002   C843'.54   C2002-940071-6
PS9539.R47Z58 2002
PQ3919.2.T73Z58 2002

Les Éditions Hurtubise HMH bénéficient du soutien financier des institutions
suivantes pour leurs activités d'édition :

• Conseil des Arts du Canada
• Gouvernement du Canada par l'entremise du Programme d'aide au développement
  de l'industrie de l'édition (PADIÉ)
• Société de développement des entreprises culturelles au Québec (SODEC)
• Programme de crédit d'impôt pour l'édition de livres du gouvernement du Québec

Maquette de la couverture et montage photographique : Olivier Lasser
Photographie du Plateau : Pierre Phillipe Brunet
Photographie de Michel Tremblay : Agence Goodwin, © Georges Dutil
Maquette intérieure et mise en page : Lucie Coulombe

Copyright © 2002, Éditions Hurtubise HMH ltée

Éditions Hurtubise HMH ltée   Distribution en France :
1815, avenue De Lorimier   Librairie du Québec / DEQ
Montréal (Québec) H2K 3W6   30, rue Gay-Lussac
Tél. : (514) 523-1523 Téléc. : (514) 523-9969   75005 Paris FRANCE
edition.litteraire@hurtubisehmh.com   liquebec@noss.fr

ISBN 2-89428-565-5

Dépôt légal : 1er trimestre 2002
Bibliothèque nationale du Québec
Bibliothèque nationale du Canada

Imprimé au Canada
www.hurtubisehmh.com

À Laurent Mailhot,
amoureux fervent du Québec
et de sa littérature

DU MÊME AUTEUR

Privilèges de l'ombre, poèmes, Montréal, L'Hexagone, 1961.

Nouvelles (en collaboration avec Jacques Brault et André Major), Montréal, Cahiers de l'AGEUM, 1963.

Délit contre délit, poèmes, Montréal, Presses de l'AGEUM, 1965.

Adéodat I, roman, Montréal, Éditions du Jour, 1973.

Hugo : Amour / crime / révolution, essai sur *Les Misérables*, Montréal, Presses de l'Université de Montréal, 1974. Réédité par les Éditions Nota Bene (Québec, 1999).

L'Instance critique, essais, Montréal, Leméac, 1974.

La Littérature et le reste, essai (en collaboration avec Gilles Marcotte), Montréal, Quinze, 1980.

L'Évasion tragique, essai sur les romans d'André Langevin, Montréal, Hurtubise HMH, 1985.

La Visée critique, essais, Montréal, Boréal, 1988.

Les Matins nus, le vent, poèmes, Laval, Éditions Trois, 1989.

Dans les chances de l'air, poèmes, Montréal, L'Hexagone, 1990.

Particulièrement la vie change, poèmes, Saint-Lambert, Le Noroît, 1990.

La Croix du Nord, novella, Montréal, XYZ Éditeur, 1991.

L'Esprit ailleurs, nouvelles, Montréal, XYZ Éditeur, 1992.

Le Singulier pluriel, essais, Montréal, L'Hexagone, 1992.

La Vie aux trousses, roman, Montréal, XYZ Éditeur, 1993.

La Grande Langue, éloge de l'anglais, essai-fiction, Montréal, XYZ Éditeur, 1993.

Delà, poèmes, Montréal, L'Hexagone, 1994.

Tableau du poème. La poésie québécoise des années 1980, essai, Montréal, XYZ Éditeur, 1994.

Fièvres blanches, novella, Montréal, XYZ Éditeur, 1994.

Roman et énumération. De Flaubert à Perec, essai, Montréal, « Paragraphes », Études françaises, Université de Montréal, 1996.

Adèle intime, roman, Montréal, XYZ Éditeur, 1996.

Les Épervières, roman, Montréal, XYZ Éditeur, 1996.

Le Maître rêveur, roman, Montréal, XYZ Éditeur, 1997.

Une étude de « Bonheur d'occasion » de Gabrielle Roy, essai, Montréal, Boréal, 1998.

L'Inconcevable, poèmes, Laval, Éditions Trois, 1998.

Saint-Denys Garneau. Le poète en sursis, récit biographique, Montréal, XYZ Éditeur, « Les grandes figures », 1999.

Anne Hébert. Le secret de vie et de mort, essai, Ottawa, Presses de l'Université d'Ottawa, 2000.

Matamore premier, roman, Montréal, XYZ Éditeur, 2000.

Je t'aime, je t'écris, précédé de *Le corps de l'amoureuse*, poèmes, Montréal, Éditions Québec Amérique, 2000.

Table des matières

Introduction

Michel Tremblay est l'écrivain accessible par excellence. Pour comprendre ses livres, point n'est besoin d'une longue initiation, comme en requièrent des écrivains plus secrets ou intellectuellement plus complexes tels James Joyce, Borges — ou Hubert Aquin. Tremblay appartient d'emblée à tout le monde, au lecteur ordinaire comme au lecteur averti, et chacun peut y trouver son compte. Il n'y a pas de grands efforts d'acclimatation à fournir pour entrer dans son œuvre. En revanche, l'analyse, qui suppose une distance prise à l'égard de la lecture, est peut-être plus difficile à constituer pour cette œuvre *trop* évidente que pour une autre aux abords plus abrupts. Il faut, en effet, se méfier de ce qui semble aller de soi et être constamment à l'affût du petit détail révélateur, qui nous introduira dans le lieu des vérités plus essentielles. Les Chroniques valent certainement par l'authenticité et la richesse de leur représentation d'un milieu populaire de Montréal, mais elles valent aussi et surtout par la fécondité d'un dispositif imaginaire, générateur à la fois de langage et de vérité humaine, de récit, de poésie (au sens où poésie équivaut à littérature) et d'évocation existentielle, sans lequel la peinture du milieu serait privée de résonances. L'imaginaire, chez Tremblay, c'est cela : la présence récurrente d'images, de schèmes qui dynamisent la représentation et lui donnent toute son épaisseur signifiante.

Pour cette étude des Chroniques du Plateau Mont-Royal[1], je laisserai de côté les problématiques qui font appel à des savoirs extérieurs à la littérature, comme la psychanalyse ou la sociologie. Michel Tremblay, bien sûr, se prêterait très bien à une approche sociocritique, puisque la société est représentée avec beaucoup de précision dans ses romans (et son théâtre). Il se prêterait aussi à l'approche psychocritique, à cause de la fréquence des comportements névrotiques (pensons à Albertine ou à Marie-Louise Brassard) ou pervers (Gérard Bleau), parfois même psychotiques (Marcel) de ses personnages — sans parler de l'homosexualité, dimension inscrite en clair (Édouard) ou en filigrane dans l'ensemble des Chroniques, et qui appelle une approche aussi bien psychologique que sociologique[2].

Je ne vais pas ignorer ces aspects de l'œuvre, qui sont essentiels, mais je les traiterai d'un point de vue thématique, et non psychocritique ou sociocritique. D'un point de vue thématique : cela veut dire que la compréhension de l'œuvre, du réseau de ses significations, la description interne du texte vont seules m'importer, et non la recherche d'explications extrinsèques. La critique thématique moderne est fondée sur le principe que, dans une œuvre réussie, cohérente, chaque élément est en rapport avec tous les autres ; qu'il existe une solidarité des éléments entre eux, une nécessité du moindre détail, et que l'on peut remonter de ce détail à la totalité, c'est-à-dire aux significations essentielles du texte.

Cette attention portée à la solidarité des significations correspond tout à fait à ce qu'on pourrait appeler le sens de la *poésie* de l'œuvre, cette poésie que Roman Jakobson, linguiste et théoricien de la littérature, définissait comme la projection du principe d'équivalence de l'axe de sélection (ou dimension paradigmatique) sur l'axe de la combinaison (ou dimension syntagmatique)[3]. La poésie, c'est la langue faite parole, le système fait énoncé : c'est un discours non pas linéaire mais total, «tabulaire» (J. Kristeva), un discours qui signifie «littéralement et dans tous les sens» (Rimbaud, repris par H. Meschonnic).

Pour étudier les solidarités internes du texte, il faut donc se faire attentif à la dimension proprement littéraire du discours romanesque de Tremblay. Mais puisqu'il s'agit de roman, il est bon de se donner quelques instruments de description. Il y a, notamment, ceux que présente Gérard Genette dans *Figures III* («Discours du récit»)[4] et qui font la synthèse de nombreuses recherches antérieures concernant les techniques de narration, notamment celles de romanciers de langue anglaise très sensibles aux pratiques narratives, tel Henry James. Le modèle actantiel d'A. J. Greimas[5] peut aussi, à l'occasion, apporter une contribution utile à l'analyse des situations romanesques (comme des situations dramatiques, pour lesquelles Étienne Souriau l'avait conçu d'abord). Je présenterai ces quelques notions en temps et lieu, pour les besoins de l'analyse, sans m'astreindre à un exposé systématique. Mais la technique qui me servira sans doute le plus, même si je n'en fais pas une lourde procédure statistique, est celle de la superposition des textes dont Charles Mauron, en psychocritique, a montré la fécondité[6]. Elle consiste à repérer, dans des passages éloignés, le retour d'éléments invariants qui constituent un réseau d'obsessions significatives. Cette pratique critique est consubstantielle à toute étude thématique désireuse de cerner l'essentiel de l'imaginaire d'un écrivain.

Après une mise en perspective des Chroniques à partir des œuvres narratives qui les précèdent, ainsi que l'examen de la poétique qui leur est sous-jacente (chapitres I et II), j'aborderai les grands réseaux thématiques axés sur le symbole central de la Lune (chapitres III, IV et V). Je le ferai en rapport avec les figures exemplaires du texte, toutes trois masculines, qui sont inductrices de la symbolique lunaire (féminine, maternelle) : Josaphat, Édouard et Marcel. Les grands *rêveurs de la lune*, ministres du merveilleux, présents d'un bout à l'autre des Chroniques, ce sont eux. Je poursuivrai l'analyse en faisant état de la prégnance du féminin dans les Chroniques, en particulier dans les deux premiers tomes (chapitre VI). L'analyse de quelques motifs importants qui s'inscrivent en filigrane dans le texte complétera l'étude (chapitre VII), et un retour sur la dimension du Rêve nous ménagera les voies d'une conclusion.

Dans une œuvre où la peinture d'un milieu social bien défini occupe une si grande place, où l'existence quotidienne est le support omniprésent d'une rêverie qui cherche l'évasion, sans pouvoir éviter les ruptures et les retours de plus en plus pénibles à la réalité, où l'écriture vise à une grande transparence et à une efficacité immédiate sur les lecteurs de tous les milieux, la dimension proprement littéraire doit être cherchée dans l'expression, pas toujours facile à isoler, de schèmes porteurs d'une charge de fantasmes et de résonances existentielles multiples. L'imaginaire romanesque de Michel Tremblay s'avère, à cet égard, d'une puissance peu commune dans notre littérature ; et si son exploration pose un défi à la critique, à cause de la simplicité d'une écriture apparemment dénuée des sortilèges traditionnels et qui, en fin de compte, dissimule mieux que beaucoup d'autres les profondeurs qui l'alimentent, l'effort de l'analyste est récompensé par la robustesse et la cohérence d'une magistrale fantaisie.

▶ NOTES

1 Parce qu'il s'agit de la dernière édition revue et corrigée, et aussi pour des raisons de commodité, toutes nos références aux romans qui composent les Chroniques renvoient à l'édition en un seul volume publiée par Leméac / Actes Sud, coll. « Thesaurus », 2000, 1180 p.

2 Sur la question de l'homosexualité dans l'œuvre de Tremblay, on se reportera à l'ouvrage de Ginette Pelland, *Hosanna et les duchesses.* *Étiologie de l'homosexualité masculine de Freud à Tremblay*, Montréal, La Pleine Lune, 1994, 210 p. Pour des vues suggestives sur la sexualité et d'autres aspects qui touchent à l'ensemble de l'œuvre, aussi bien théâtrale que narrative, on lira le beau livre de Marie-Lyne Piccione, *Michel Tremblay, l'enfant multiple*, Bordeaux, Presses universitaires de Bordeaux, 1999, 197 p. Quand on parle de la sexualité de l'auteur, il ne faut toutefois pas oublier la réponse qu'il fait à Marie-Lyne Piccione qui l'interroge sur la place de l'homosexualité dans son œuvre : « Je ne me considère pas comme un écrivain homosexuel. Les écrivains homosexuels "ne parlent que de ça". Moi, j'ai souvent utilisé l'homosexualité pour parler d'autre chose, par exemple de la crise d'identité. » (*Michel Tremblay, l'enfant multiple*, p. 192.) Un véritable écrivain n'écrit pas « homosexuel », pas plus qu'il n'écrit « hétérosexuel » : il écrit, point. S'est-on jamais avisé d'étudier l'hétérosexualité des écrivains hétérosexuels (il y en a, paraît-il) ?

3 On trouvera un résumé des thèses fondamentales de Jakobson dans Jean-Yves Tadié, *La Critique littéraire au XXe siècle*, Paris, Belfond, p. 37-43.

4 Gérard Genette, *Figures III*, Paris, Seuil, 1972, 286 p.

5 A. J. Greimas, *Sémantique structurale*, Paris, Seuil, 1966, 262 p. Jean-Yves Tadié fait une présentation du modèle actantiel, *op. cit.*, p. 218.

6 Charles Mauron, *Des métaphores obsédantes au mythe personnel. Introduction à la psychocritique*, Paris, José Corti, 1964, 380 p.

CHAPITRE PREMIER

Préambules

L e vaste massif romanesque que sont les Chroniques du Plateau Mont-Royal n'est pas apparu spontanément, formé du premier coup, dans la carrière de l'écrivain. Michel Tremblay a 36 ans quand il publie *La Grosse Femme d'à côté est enceinte*. Il est déjà, depuis dix ans, l'auteur acclamé des *Belles-Sœurs*, son premier succès sur la scène (1968). Mais avant *Les Belles-Sœurs*, il y avait eu d'autres écrits dans le registre narratif. Le tout premier a été publié, en guise d'épilogue à un recueil de souvenirs intitulé *Les Vues animées* (Leméac, 1990). C'est un petit « roman » intitulé *Les Loups se mangent entre eux*, récit d'environ trente pages que l'auteur a écrit à seize ans, censément après avoir regardé, à la télévision, *Les Visiteurs du soir*, film de Marcel Carné.

Ce roman est centré sur la figure de Jocelyn Déjazet, jeune homme de dix-huit ans. Au cours du réveillon de Noël où il accompagne sa mère chez des amies, Jocelyn prend brutalement conscience de son homosexualité. Jocelyn et sa mère appartiennent à la bonne société de Montréal, et la découverte de son anomalie affective est un drame pour lui qui intériorise les préjugés de son milieu, comme c'en sera un pour sa mère frivole qui n'est pas longue à apprendre la vérité, à la suite d'interventions d'amies perspicaces. Il est significatif que la catastrophe vécue par le personnage principal coïncide chronologiquement avec le jugement d'autrui et la disgrâce qui en résulte : sans cette mère envahissante, cette Christine dont « il avait toujours été la poupée chérie, le jouet merveilleux (p. 162) »[1], et son entourage bien-pensant, Jocelyn pourrait accepter plus facilement sa condition de « déviant ». Le jugement de la société est absolument constitutif de cette damnation que vit l'homosexuel (et qu'il vit même encore de nos jours, malgré la prétendue évolution des mentalités) ; et Christine n'est qu'une intermédiaire entre la société et Jocelyn. Elle souscrit au jugement sans appel qui rend l'homosexualité invivable ; cette prétendue tare est absolument inacceptable *pour autrui* (ici la mère, au premier chef) alors que, *pour soi* (Jocelyn), elle est spontanément vécue comme une forme de sexualité naturelle et désirable. Jocelyn envisage le suicide pour un désir qu'il vit comme normal, et que seuls les autres condamnent.

Ce premier écrit présente des personnages étrangers par leur condition sociale, leur richesse, leur culture, au milieu de son jeune auteur ; comme si écrire, pour lui, supposait un changement d'identité. Michel Tremblay est, comme il le souligne lui-même dans *Les Vues animées*, « d'un milieu qui ne donnait des artistes que si ceux-ci niaient leurs racines pour épouser la vie, les idées d'un monde prétendument supérieur et à part » (p. 150). En somme, l'écrivain de seize ans éprouve fortement le sentiment que la culture appartient à la petite bourgeoisie et qu'il faut s'incorporer à elle pour exister sur le plan culturel.

Il y a sans doute une bonne part d'inauthenticité dans la conception de tels personnages — même si, bien entendu, rien n'interdit à l'écrivain de recruter ses personnages dans un autre milieu que le sien. Par ailleurs, le choix du sujet — la découverte de l'homosexualité — est tout à fait en conformité avec les préoccupations les plus intimes et les plus essentielles du jeune Tremblay.

Cela ne veut pas dire que, dans ses œuvres ultérieures, Tremblay ne devra pas *relativiser* le problème qu'il pose dans son premier écrit, problème qui ne peut pas recevoir de solution (à la fin du texte, Jocelyn, qui envisage de se suicider pour fuir sa damnation intime et punir son entourage intolérant, se rend compte qu'il ne peut même pas le faire car ce serait avouer sa faute, donner raison aux « imbéciles » [p. 187] qui le condamnent). En fait, les personnages des romans futurs seront recrutés dans le milieu de l'écrivain, contrairement à ce qui se passe dans *Les Loups se mangent entre eux*, mais le drame de l'homosexualité sera déplacé vers certains personnages qui se sont pas le reflet immédiat de l'auteur, par exemple Édouard. Édouard, à la différence de Jocelyn, ne vivra pas son homosexualité comme une tragédie[2].

Le premier livre publié de Michel Tremblay est un recueil de contes : *Contes pour buveurs attardés* (1966). Il paraît huit ans après la rédaction de *Les Loups se mangent entre eux*, mais il a été écrit quelques années avant sa parution en librairie. Comme le texte précédent, les contes sont rédigés dans une langue « littéraire », exempte d'emprunts au langage populaire. L'auteur recourt au genre fantastique, alors que *Les Loups se mangent entre eux* pouvait évoquer la veine du roman psychologique à la façon de Robert Charbonneau ou de Jean Filiatrault, peut-être aussi du *Mathieu* de Françoise Loranger. Le fantastique des *Contes* révèle une imagination exubérante et représente un moyen terme entre l'universalisme psychologique étriqué du début et la fécondité d'invention des romans de la maturité.

On retrouvera le fantastique dans les Chroniques, mais il sera intégré au contexte social et à une problématique quotidienne très *locale*. Les *Contes* ne contiennent guère de réalisme, si l'on entend celui-ci comme la peinture familière d'un milieu connu de l'auteur.

Dans une postface pour la réédition des *Contes* dans la collection « 10/10 », en 1985, Michel Tremblay attribue son orientation vers le fantastique, à cette époque, au besoin de fuir une réalité quotidienne étouffante. Il veut « oublier l'horreur de son quotidien et l'avenir désolant qu'il se prépare dans un métier qu'il n'aime pas ». Michel Tremblay apprend alors le métier de linotypiste ; comme Gabriel et Léopold, dans *La Grosse Femme*, et comme monsieur Armand Tremblay lui-même, son père (qui a servi de modèle pour Gabriel), il se destine à la modeste carrière d'employé dans une imprimerie. On peut penser aussi au pénible travail d'Édouard, qui poussera le vendeur de chaussures à s'évader dans un monde de fantaisie et de folie.

Tremblay fait aussi remarquer que ses contes « se passent *partout* dans le monde sauf au Québec ». En fait, ils se passent souvent dans des lieux fictifs, non identifiés ; mais jamais ces pays ne présentent les caractères propres au Québec. De ce point de vue, les *Contes* vont plus loin du côté de l'« universalisme » que *Les Loups se mangent entre eux*, dont l'action se déroulait à Montréal.

C'est en 1965 que Michel Tremblay connaît, avoue-t-il lui-même, son chemin de Damas et il écrit alors *Les Belles-Sœurs*, qui seront montées trois ans plus tard. L'année 1965 est celle où, âgé de 23 ans, Michel Tremblay prend conscience de sa voie véritable comme écrivain et de son identité culturelle : il n'est pas un écrivain de nulle part, mais du Québec, et il exprimera d'abord et avant tout la réalité québécoise. Il n'y a pas d'universalité sans enracinement, même dans une réalité qui peut sembler indigente ou réfractaire à l'expression culturelle. Sa découverte suit de peu celle des écrivains de la revue *Parti pris*, de la même génération que lui, André Major, Jacques Renaud, Gérald Godin…, qui ont rejeté l'universalisme abstrait de leurs aînés et choisi d'écrire pour la collectivité dont ils sont issus.

Michel Tremblay passe donc des contes fantastiques à un théâtre très enraciné dans la réalité et qui, loin de fuir le quotidien, en exhibe les plaies, les drôleries et les tragédies cachées ; et ce climat, c'est déjà celui des Chroniques. On y retrouve d'ailleurs les mêmes personnages, avec leur saga personnelle que les différentes œuvres viendront compléter.

Mais quand, en 1968, Michel Tremblay décide d'écrire un roman, il se tourne de nouveau vers le fantastique et il écrit *La Cité dans l'œuf*, dont le personnage principal, toutefois, porte le nom bien familier de François Laplante et habite Montréal. Il y a là une première et timide tentative d'allier fantastique et réalisme. On n'en navigue pas moins dans des mondes parallèles bien étranges, à l'exploration desquels la ville natale sert de simple point de départ. Quant au symbolisme, il comporte la donnée suggestive de tout un monde enclos dans une coquille, ce qui lui confère globalement un caractère intra-utérin qui n'est évidemment pas sans rapport avec l'omniprésence de la mère dans la vie des personnages de Tremblay, qu'il s'agisse du Jocelyn de *Les Loups se mangent entre eux*, d'Édouard dans les Chroniques ou de divers autres personnages importants.

Sur le plan de la composition, on peut noter que les parties du récit sont séparées par des « intercalaires », fragments narratifs qui introduisent des ruptures chronologiques (retours en arrière ou anticipations), comme ce sera le cas dans *La Duchesse et le roturier* et *Des nouvelles d'Édouard*.

C'est en 1973, à trente ans passés, que Michel Tremblay donne un premier roman en pleine consonance, par le contenu et par le style, avec son univers de dramaturge. *C't'à ton tour, Laura Cadieux* met en scène (et quasi littéralement, car ce monologue narratif est très proche du monologue dramatique) un personnage truculent, à la fois ridicule et touchant, une obèse d'un quartier populaire de Montréal qui s'exprime dans un langage énergique et vulgaire, incorrect et savoureux. Les premières lignes en donnent déjà une bonne idée :

J'ai eu assez honte! J'ai eu assez honte! Déjà que j'me
sus-tais fendu le cul en quatre pour descendre par le
câlice de tapis roulant! D'habetude, j'marche jusqu'à'
station Papineau, juste pour pas être obligée de descendre
par là... J'ai peur, c'est pas de ma faute. Quand j'vois c'te
grande strappe noire-là descendre sans arrêter comme
une grosse langue sale, les shakes me pognent, pis j'viens
les jambes toutes molles! (p. 9)

Les écarts par rapport à la norme, pour le lecteur aligné
sur le français standard, sont très diversifiés et concernent
aussi bien le registre de l'écrit que celui du parlé (ici
confondus). Ils comprennent:

- les simples déformations de prononciation
  («d'habetude»)
- les abréviations phonétiques
  («j'me», «j'marche», «jusqu'à' station»)
- de mauvaises formations de temps verbaux
  («j'me sus-tais»)
- des expressions populaires incorrectes
  («me pognent»)
- des expressions grossières
  («fendu le cul en quatre»)
- des sacres
  («le câlice de tapis roulant»)
- des anglicismes
  («strappe», «les shakes»).

Le personnage et le narrateur ne font qu'un, de sorte que
le joual devient la langue de la narration comme c'était le
cas dans *Le Cassé* de Jacques Renaud, paru dix ans plus tôt
(1963). Dans *Le Cassé*, cependant, le narrateur est distinct
du personnage, ce qui a pour effet d'ébranler plus radicalement encore la convention narrative: un narrateur
impersonnel s'exprime en joual!

Laura Cadieux est un personnage des futures Chroniques; elle est la fille de Josaphat-le-Violon et on la retrouvera dans *La Grosse Femme*, également dans *La Duchesse et le roturier* (de façon très fugitive). Il y a tout de même une différence considérable entre *C't'à ton tour* et les Chroniques, même si un *carnavalesque* identique s'affiche dans les deux textes. C'est que les Chroniques sont écrites à la troisième personne, et on y trouve donc un narrateur distinct des personnages. La langue de la narration est plus proche de la norme, et l'audace du *Cassé* n'est pas imitée. De ce point de vue, *C't'à ton tour* s'apparente davantage au théâtre que les Chroniques. Écrit en langue *parlée*, le roman a toutes les allures d'un monologue dramatique. On en a d'ailleurs tiré un texte pour la scène[3].

Si *La Grosse Femme* avait été écrite selon la même formule que *C't'à ton tour*, une édition française du roman n'aurait sans doute pas été possible[4].

■ ■ ■

On voit donc d'où est parti Michel Tremblay romancier et quel chemin il a parcouru depuis son premier effort pour donner vie à des personnages.

Petit à petit, il s'est détaché de l'expression d'un imaginaire purement individuel, singulier, refuge contre la banalité quotidienne et lieu d'expression des tensions exacerbées du moi, pour construire une grande fresque carnavalesque, illustration des tensions culturelles et sociales d'un milieu modeste, sans doute, mais ouvert sur la totalité de l'humain. Comment situer, dès lors, un roman plus récent comme *Le Cœur découvert* (1986), écrit alternativement à la première et à la troisième personne? En fait ce roman, qu'on peut juger décevant, apparaît surtout comme non carnavalesque (et préfigure ainsi *Le Premier Quartier de la lune* et *Un objet de beauté*, derniers volets des Chroniques, où la dimension carna-valesque est presque absente). Il décrit la situation de deux homosexuels d'un milieu relativement aisé, cultivés, et renoue ainsi avec la problématique de *Les Loups se mangent entre eux*. L'un des personnages est marié et père d'un jeune garçon dont il a la garde. Les deux amants cherchent à construire leur vie commune et à surmonter les conflits qu'engendrent leurs rapports avec la société. C'est un roman « sérieux » et malheureusement dépourvu du dynamisme, des bonheurs d'écriture notamment, qui font le prix des Chroniques — à l'exception, peut-être, du « Journal d'Édouard », qui voudrait être comique et qui est plutôt plat : on dirait que la première personne, dans le cadre de la fiction romanesque, ne réussit plus guère à Michel Tremblay, qui l'utilisait pourtant avec bonheur dans *C't'à ton tour, Laura Cadieux* [5].

Je parle, ici, de fictions dont la narration est déléguée à un personnage. Il en va bien autrement dans les magni-fiques recueils de souvenirs intitulés *Les Vues animées*, *Douze Coups de théâtre* et *Un ange cornu avec des ailes de tôle* [6], où Michel Tremblay évoque les films, spectacles et livres qui ont marqué son enfance et son adolescence et qui ont pavé la voie, en quelque sorte, à l'aventure de l'écriture. Non seulement y retrouve-t-on le ton vivant et libre des Chroniques du Plateau Mont-Royal, mais on y découvre de nombreuses notations concernant la famille et le milieu, qui montrent à quel point la réalité vécue a inspiré la création romanesque. Comme dans *La Grosse Femme d'à côté est enceinte*, « nous étions … trois familles entassées dans un appartement de sept pièces parce que ça coûtait moins cher pour manger » (*Les Vues animées*, p. 52). Armand, le père, est pressier, tout comme le Gabriel des Chroniques. La Grosse Femme, par plusieurs traits (pas tous), rappelle Rhéauna, la mère de l'auteur. À vrai dire, madame Tremblay — très différente de celle que représentait la première version de *En pièces détachées* et qui était une espèce de brute formulant des souhaits de mort pour punir son petit Michel désobéissant! — combine des aspects de la Grosse Femme et de Victoire, la grand-mère. Comme cette dernière, elle «visitait régulièrement les dry goods, laissant derrière elle les vendeurs épuisés, les magasins dévastés après avoir dépensé un gros cinquante cents» (*Ibid.*, p. 28). Comme la Grosse Femme, sa mère est la fille d'une «indienne Cree francophone de Saskatoon, et fière de l'être, mal embouchée par pur plaisir de provoquer, drôle, farceuse» (*Ibid.*, p. 85). Comme la Grosse Femme, madame Tremblay accouche à l'hôpital Notre-Dame d'un enfant qui naît le 25 juin 1942... On reconnaît aussi Albertine dans la tante Robertine; Thérèse dans la cousine Hélène; Madeleine (sœur d'Albertine, de Gabriel et d'Édouard dans *Albertine en cinq temps* et *Le Vrai Monde?*) dans la tante Marguerite; Philippe, le farceur, dans le frère Bernard. Et les séances de cinéma du samedi après-midi dans la salle paroissiale ont inspiré avec beaucoup de précision celles de *La Duchesse et le roturier*, comme l'auteur le mentionne explicitement (*Ibid.*, p. 117). Bref, tout se passe comme si Michel Tremblay, dans ses Chroniques du Plateau Mont-Royal et dans les pièces qui concernent les mêmes personnages, avait respecté avec une exactitude de plus en plus grande le vécu autobiographique, donnant ainsi à son univers une cohérence qui ne se distingue plus de celle de ses propres souvenirs.

La formule de la chronique, telle que l'écrivain la réinvente pour ses fins propres, servira une entreprise de représentation du monde accordée à de profondes exigences personnelles, et c'est sans doute en vue d'une meilleure adéquation entre fiction et fidélité à soi que l'auteur se montrera prêt à la remettre partiellement en question à chaque nouveau tome. Il y a, chez Tremblay, une évolution de la *forme chronique*, laquelle se sabordera peu à peu au profit du roman proprement dit. Mais cette évolution reflète, à bien des égards, celle de la littérature romanesque au cours des années 1980.

► **NOTES**

1 Édouard décrira sa relation avec Victoire, sa mère, en des termes semblables.

2 En dehors des Chroniques du Plateau Mont-Royal, Michel Tremblay abordera le thème de l'homosexualité dans plusieurs romans semi-autobiographiques qui n'auront pas l'objectivité, la portée, la qualité esthétique de celles-là : *Le Cœur découvert, Le Cœur éclaté, La Nuit des princes charmants, Quarante-quatre minutes quarante-quatre secondes...*

3 Claude Poissant a adapté le roman pour le théâtre en janvier 1974 (production de l'Atelier contemporain, à l'Université de Montréal).

4 Robert Laffont l'a publiée en 1979. L'ensemble des Chroniques sera repris plus tard par Actes Sud.

5 Roman que son auteur qualifie toutefois d'« œuvre mineure » (Luc Boulanger, *Pièces à conviction. Entretiens avec Michel Tremblay*, Montréal, Leméac, 2001, 180 p., p. 92).

6 Michel Tremblay, *Les Vues animées*, Montréal, Leméac, 1990 ; *Douze Coups de théâtre*, Montréal, Leméac, 1992 ; *Un ange cornu avec des ailes de tôle*, Montréal, Leméac / Actes Sud, 1994.

CHAPITRE DEUX

Poétique de la chronique

Pour bien comprendre le sens de cette vaste entreprise d'écriture que sont les Chroniques du Plateau Mont-Royal, il faut en rappeler le contexte. Quand paraît *La Grosse Femme d'à côté est enceinte*, plusieurs lecteurs et critiques ont été surpris par ce qui semblait un retour en arrière, sur le plan des techniques narratives et aussi du contenu, fortement axé sur la représentation.

Nouveau Roman et roman réaliste

Depuis la fin des années 1950, en effet, une forte exigence de renouvellement de la forme romanesque, voire une contestation du genre lui-même, s'étaient fait jour en particulier dans les pays et cultures de langue française. On avait vu en France l'émergence d'un Nouveau Roman, puis d'un Nouveau Nouveau Roman qui s'employaient à remettre en question, parfois même à dévoyer les notions canoniques d'histoire, de personnage, et à plus forte raison la psychologie du personnage, ou encore la représentation elle-même. La fonction de « reportage » du roman rendant compte de l'existence individuelle et collective se trouvait évacuée, au profit d'un pur regard qui purgeait le réel de ses vérités humaines (affectives, intérieures ou encore morales) et le ramenait à ses lignes, ses formes, sa grammaire. Le langage devenait la matière première de l'écrit, le monde devenait texte. Bien entendu, cette description synthétique ne saurait s'appliquer exactement à aucun de ceux qu'on a réunis, parfois contre leur gré, sous l'étiquette du Nouveau Roman (Alain Robbe-Grillet, Michel Butor, Nathalie Sarraute, Marguerite Duras, Claude Simon, Jean Ricardou, Claude Ollier, etc.), mais elle rend compte d'une tendance très forte et très vivante qui, malgré une audience restreinte auprès du grand public, s'est imposée comme un fait culturel important en France aussi bien qu'en dehors, même aux États-Unis. Quel que fût le succès de ces œuvres (certains parlaient plutôt de textes, la notion même de littérature étant devenue objet de contestation), qui atteignaient rarement les grands tirages, elles faisaient peser une sorte de menace sur l'institution et le commun des écrivains ne pouvait plus s'adonner avec une aussi bonne conscience au métier de raconter des histoires ou de créer des personnages.

En somme, le roman français a connu une révolution semblable à celle qui, plusieurs décennies plus tôt, a remis en question, dans la peinture européenne, le privilège plusieurs fois séculaire de la figuration (ou copie du réel) et promu l'abstraction. Et l'on sait que l'abstraction, d'abord occasion d'explorations ferventes et sincères, a fini par s'imposer presque partout comme un dogme pendant quarante ou cinquante ans. L'esthétique moderniste, d'autant plus intransigeante qu'elle plaçait l'intelligence et le savoir au premier rang de ses valeurs, a créé malgré elle — une fois oubliées les antiques platitudes de l'art bourgeois — le besoin d'un retour au concret et d'une re-figuration du monde par l'art, non plus sur le mode de la conquête, mais du dialogue. Dans l'œuvre postmoderne, il n'y a plus d'a priori du monde ou de la conscience créatrice, mais l'assomption partagée des éléments qui fondent leur rencontre.

Au Québec, l'influence de la nouvelle littérature française s'est fait sentir, et d'autant plus fortement que le phénomène du grand roman populaire (ou best-seller de qualité), qui aurait pu servir de tampon, ne s'est pas manifesté avant la fin des années 1970. Certes, on trouvait une forme très fruste de romans de masse, dont Pierre Sauriol est le meilleur représentant ; mais les Arlette Cousture, Yves Beauchemin, Marie Laberge (encore, ces deux derniers sont-ils pleinement des écrivains), Francine Ouellette, Christine Brouillette et autres ont fait leur apparition beaucoup plus récemment.

Dans les années 1950 et 1960, chaque romancier qui comptait se devait de trouver une solution originale aux problèmes de la narration. André Langevin, par exemple, dans ses premiers romans, a cherché les façons de rendre l'intériorité des personnages tout en leur conservant une dimension extérieure. Puis, après un long silence de seize ans, il revient avec une narration chambardée, sinon chaotique, dans *L'Élan d'Amérique* (1972), qui a été perçu comme un exemple net de Nouveau Roman même si l'histoire racontée conserve, au fond, la logique du récit classique. On peut dire la même chose de *L'Incubation*, de Gérard Bessette (1965), qui témoigne — beaucoup plus tôt encore — de la fascination de la modernité sur un écrivain d'abord proche de la tradition.

La pression exercée par le Nouveau Roman français se manifeste aussi, chez plusieurs jeunes écrivains, par la création de formules qui, sans rompre de façon absolue avec la tradition, mettent la représentation en conflit avec elle-même. Hubert Aquin (tous ses romans), Marie-Claire Blais (*Une saison dans la vie d'Emmanuel*, où le réalisme prend une allure de cauchemar plein de sombre poésie), Réjean Ducharme, dont les personnages existent par le langage inventif qui les représente avec ironie, et même un Jacques Ferron (moins jeune, celui-là) dont la narration classique dissimule le machiavélique projet de déboussoler le lecteur pour le sensibiliser au « pays incertain », tous participent d'un mouvement qui valorise moins l'évocation de la vie réelle que l'invention, par le langage, de la vérité future — ou, si l'on préfère, d'une façon plus vraie de percevoir la réalité, même ancienne. Et dans ce mouvement, ce qui se perd surtout, comme l'écrit Gilles Marcotte, c'est le grand réalisme social tel que l'incarne *Bonheur d'occasion*, au milieu du XXe siècle[1]. Le roman cesse d'être la vaste expression d'une Histoire en marche, ce qu'il fut, d'ailleurs, en de très rares occasions dans notre collectivité si faible et ballottée par les courants contraires.

En somme, au cours des années 1960 et 1970, la littérature, sous l'impulsion du structuralisme et du formalisme, alors synonymes de modernité, est devenue passablement expérimentale et les conventions narratives se sont généralement relâchées ou, en tout cas, transformées. Certes, tous les écrivains n'ont pas suivi. Certains sont restés attachés au réalisme, même s'ils n'avaient pas, comme l'auteure de *Bonheur d'occasion*, l'ambition de peindre une époque ou une société à travers un groupe humain donné. On peut citer, par exemple, les romanciers de *Parti pris*, ou encore un Jacques Godbout, bien qu'il ait flirté avec l'avant-garde «formalisante», surtout dans ses premiers romans. André Major et Jacques Benoît, pendant les années où triomphait le roman-écriture (et où la représentation passait au second plan), ont maintenu l'exigence d'une représentation très articulée, inspirée des vieux maîtres français et russes, sans d'ailleurs refuser la tentation de la fantaisie (*Patience et Firlipon*), du fantastique (*Gisèle et le serpent*), ou même d'une composition dépourvue de centre véritable (*Histoires de déserteurs*). On ne peut non plus passer sous silence la tentative provisoire mais importante, chez les écrivains de *Parti pris*, de créer une littérature en joual. Jacques Renaud, André Major (première manière), Claude Jasmin (avec *Pleure pas Germaine*) ont illustré cette école qui est aux antipodes du formalisme et qui fait entrer le réalisme du petit peuple dans la narration elle-même, pour le plus grand effroi de la bourgeoisie attachée aux valeurs culturelles françaises.

Michel Tremblay, qui appartient à la même génération que les écrivains de *Parti pris*, se sera peut-être inspiré de leur exemple quand, en 1965, il conçoit *Les Belles-Sœurs* qui, montées trois ans plus tard, obtiendront l'immense et scandaleux succès que l'on sait. Donner la parole au peuple, aux « petites gens », sur la scène comme dans le roman, implique une mise à distance des codes littéraires importés, et l'affirmation implicite que l'humain, l'essentiel de l'humain, est l'affaire de tous, et peut-être en particulier de ceux qui n'ont jamais eu la possibilité de se faire entendre. D'autre part, l'œuvre *québécoise*, donc à caractère national, se fait avant tout l'interprète de l'être *social*, du défavorisé, non des élites triomphantes. Les indépendantistes que sont les écrivains de *Parti pris* et Michel Tremblay lui-même sont aussi, et d'abord, sensibles à la réalité sociale.

Et cette valorisation de l'*homme social*, tel qu'il s'exprime dans sa langue propre — sa sale langue de non-instruit souvent superbement intelligent, de non-instruit capable d'éblouissantes analyses de soi et des situations aliénantes où il est plongé —, voilà bien ce que Michel Tremblay, mettant fin à une littérature de plus en plus faisandée, nous proposera dans ses Chroniques.

En revenant au concret, à la représentation, le roman-chronique délaisse les jeux intellectuels et narcissiques de la conscience créatrice individuelle pour reprendre en compte la réalité, la société, et il renoue donc avec une importante tradition issue du réalisme et du naturalisme[2]. Toutefois, il n'a plus les ambitions d'une esthétique centralisante, visant à proposer un tableau fini, fortement cohérent et exhaustif, de la vie sociale. La chronique nous ramène au réel par la petite porte, nous installe dans un milieu bien délimité, mais dénué de centre véritable, peuplé d'identités qui ont chacune sa vérité et qui vivent chacune son histoire. C'est globalement, seulement, que la somme des destins individuels, très peu en rapport les uns avec les autres, fait un *roman*, c'est-à-dire accède à une certaine unité.

Il n'y a pas *une* intrigue se subordonnant tout le matériel dynamique du livre, il y en a plusieurs, sans doute d'inégale importance (certains personnages reviennent plus souvent que d'autres), mais dans les faits, non en droit. Le roman, en somme, s'est démocratisé et il est bien difficile d'y déceler ce qui s'appellerait, au sens plein, un héros ou une héroïne. On assiste au triomphe de ce qu'Édouard, personnage important de plusieurs livres des Chroniques, appelle un « nobody »[3], en parlant de lui-même.

Le grand roman social propose généralement une figure héroïque où se reflètent (ou s'expriment) les contradictions du milieu, dans une perspective qui autorise la sublimation ou le dépassement. Le roman formaliste fait le procès du personnage, et donc du héros, et installe la contradiction au cœur même de la représentation. Le roman-chronique retrouve le personnage, mais sans privilège, au sein d'un réel si problématique que le mouvement premier des personnages — en tout cas chez Michel Tremblay — sera de le fuir, par tous les moyens qu'offre la rêverie. Le rêve est d'ailleurs posté à l'intérieur même de la scène quotidienne, sous forme de personnages fantastiques (les Tricoteuses). Tel est peut-être le plus grand paradoxe du roman-chronique, qui nous ramène au réel, avec des ressources plus considérables que jamais, pour mieux le rejeter — de là le recours au réalisme dit « magique », pour reprendre une formule souvent appliquée au roman sud-américain. Le réalisme magique, tout en prenant en charge de façon très détaillée le réel, y introduit des éléments de merveilleux qui lui sont étrangers et qui le rendent étranger, qui « enchantent » sans doute le quotidien mais qui le discréditent comme réel[4].

On ne peut donc parler, à propos de Tremblay romancier, de recul esthétique, de retour à une conception rassurante du monde et de la culture. Représenter le monde peut être aussi déréalisant, et même davantage, que d'en faire abstraction (ou, comme disait Sartre, de le mettre entre parenthèses). L'univers quotidien, dont le romancier traditionnel affichait la banalité jusqu'à plus soif, peut être repris et soumis à une discrète mais bouleversante opération qui consiste, comme le permettent les technologies contemporaines, à le virtualiser, et donc à le soustraire au poids des contraintes naturelles. La représentation réaliste est ainsi mise en continuité avec la fantasmagorie du rêve; le roman, malgré le fouillis encombrant des détails de la vie immédiate, *pense* désormais à la vitesse du désir. Tout comme Violette, la tricoteuse lunatique, qui échappe soudain au cadre du présent et se découvre contemporaine d'un très lointain passé[5]. On ne s'étonne donc pas que le narrateur des Chroniques, à l'occasion, délaisse le présent minutieux où se débattent ses personnages et nous transporte dans une époque ultérieure, sans apparente nécessité. Ainsi, Thérèse et Pierrette après vingt ans se souviennent, chez Betty Bird, d'un mauvais procédé auquel recourut, pour se venger d'elles, leur amie Simone (p. 269). L'étonnant, c'est que le narrateur évoque ce souvenir *d'avance*, c'est-à-dire au moment où se produit l'écart de la fillette. Cette figure, une prolepse (où se loge une analepse), est périlleuse et l'auteur y recourt rarement, mais l'impact d'une telle dérogation à la logique narrative n'en est que plus grand. Le récit des jours qui passent devient soudain l'occasion d'un bond sans filet dans un temps sur lequel on n'a plus de contrôle.

Gilles Marcotte fait du *Matou* l'emblème de ce roman-chronique qui occupe l'avant-scène littéraire des années 1980[6]. Il en mentionne d'autres : *La Vie en prose*, de Yolande Villemaire, *Maryse* et *Myriam première*, de

Francine Noël, *Volkswagen Blues*, de Jacques Poulin et le troisième roman des Chroniques du Plateau Mont-Royal, de Michel Tremblay[7]. Il est tout de même significatif que Tremblay, dès le premier tome de sa suite romanesque, se réclame de la chronique, et l'on peut penser qu'il en inaugure véritablement la tendance à cette époque de nos lettres. Soyons exact : des chroniques, plus ou moins caractérisées, il y en a toujours eu, et Jacques Poulin entre autres a abondamment pratiqué le genre (à moitié, pourrait-on dire), mais faire de la chronique la voie royale du roman, voilà la contribution de Tremblay, et elle est nouvelle et importante.

Le récit du réel

Quelles sont, plus précisément, les implications d'une telle entreprise ? On peut penser, comme je l'ai suggéré plus haut, qu'il s'agit de retrouver le sens du réel, et du récit du réel. Et par là, de renouer avec un grand public que les spéculations narratives du Nouveau Roman ont souvent laissé à l'écart. Plutôt que d'abandonner les fidèles du roman-roman à la littérature de masse, qui ne nourrit que le plus primaire désir d'évasion, l'écrivain ne doit-il pas reprendre contact avec le lecteur « ordinaire » et l'aider à voir clair en lui-même (tout en débrouillant sa propre psyché et en élucidant son propre rapport à la communauté) ? Innover, ce n'est pas seulement réinventer la problématique intellectuelle, c'est aussi et surtout rétablir le pacte de confiance entre le lecteur et soi. Écrire une chronique, ce sera parler au lecteur de sa vie immédiate ; dire, nommer les gestes intérieurs et extérieurs qui font la vie, accompagnent la traversée de l'existence. Michel Tremblay, né rue Fabre à Montréal, raconte son quartier, sa rue, une famille en particulier de cette rue. Et, bien entendu, il transforme. D'abord, il efface « Tremblay », évacue la dimension personnelle. Les personnages qu'il dépeint sont peut-être les hommes et les femmes qu'il a connus, mais en même temps, ils sont autre chose, ils existent par eux-mêmes, ils sont des êtres autonomes auxquels on s'attache comme à des existences objectives. La chronique, c'est d'abord cela : une tribu considérable, dont chaque membre a son identité. Et ces personnages ont, les uns avec les autres, des relations fascinantes, en raison de leur individualité tantôt problématique, tantôt traversée par l'humour, la bonté, la souffrance.

Ces êtres, ce quartier nous sont racontés dans un passé relativement récent, mais assez éloigné dans le temps pour permettre à l'auteur de prendre une distance à l'égard de son sujet. L'action de *La Grosse Femme d'à côté est enceinte* et de *Thérèse et Pierrette à l'école des Saints-Anges* se situe en 1942, année de la naissance de Michel Tremblay, et le dernier tome paru, *Un objet de beauté*, nous transporte une vingtaine d'années plus tard, en 1963. Les tomes 3, 4 et 5 racontent les tribulations d'Édouard en 1947, puis l'éveil à la conscience du monde de « l'enfant de la Grosse Femme », en 1952. De trente à quarante ans séparent donc le travail de narration (qui s'étend de la fin des années 1970 à nos jours) des actions racontées. C'est le Québec urbain et prolétaire d'avant la Révolution tranquille que dépeint Michel Tremblay[8], avec les moyens et les couleurs de l'écrivain bien installé, lui, dans l'après-révolution et capable de nous faire voir ou sentir les dessous d'une situation qui contenait en gestation tout le Québec moderne. De sorte que les Chroniques sont celles d'une révolution non annoncée, mais présente en filigrane dans chaque page, depuis la toute première dédicace « à Hélène qui s'est révoltée vingt ans avant tout le monde et qui en a subi les conséquences » (p. 9)[9].

Il est remarquable, en effet, que, malgré un « esprit du temps » bien conforme aux années 1940 (ou 1950, pour *Le Premier Quartier de la lune*) et qui se manifeste principalement dans l'autoritarisme des institutions cléricales et scolaires, Michel Tremblay, à quelques exceptions près, mette en vedette des figures de femme et d'homme (ou d'enfant) qui échappent, par leur intense vitalité et leur sens moral spontané, à l'orthodoxie catholique et au conformisme morbide de l'époque. Même les religieuses de *Thérèse et Pierrette* manifestent une compréhension de la vie souvent étonnante, et on trouve parmi elles quelques exemples de femmes remarquables et libres. Les Chroniques, malgré certaines pages où l'auteur fait allègrement le procès d'une religion sclérosée et sclérosante, ne sont donc pas une charge contre l'époque, ses bourreaux et ses victimes. Au contraire, il est possible d'imaginer, à partir de la santé affective et psychologique des personnages et malgré leurs inévitables inhibitions, les forces vives qui mèneront à l'éclatement des carcans et à la libération de tout un peuple au début des années 1960.

Théâtre et chronique

On sait, par ailleurs, que les Chroniques racontent l'enfance, la jeunesse ou la jeune maturité de personnages que les pièces, généralement écrites beaucoup plus tôt, représentent à un âge plus tardif, plongés dans des situations tragiques qui débouchent souvent sur la mort. Ainsi, *À toi pour toujours, ta Marie-Lou* met en scène une Carmen de 26 ans, la même qui est sur le point de naître, à la fin de *La Grosse Femme d'à côté est enceinte*. La macrochronologie qui régit l'ensemble de l'œuvre de Tremblay (théâtrale et romanesque) n'est pas tout à fait exacte puisque, née en 1942, Carmen aurait 29 ans en 1971, date où se déroule l'action de la pièce. Mais peu importe — un décalage de trois ans ne dérange personne! Ce qu'il faut retenir surtout, c'est la connotation globale d'enfance, de vie neuve et jaillissante, qui s'attache aux romans alors que le théâtre, malgré ses côtés burlesques (du moins dans le cycle des *Belles-Sœurs*), a une connotation le plus souvent tragique. Marie-Louise et Léopold se suicident, Carmen et Thérèse se font assassiner, la duchesse éprouve une violente peine d'amour, Marcel est interné pour sa folie, Hosanna subit une humiliation et une désillusion marquantes à la suite du mauvais tour que lui joue Cuirette, son amant. Albertine fait peut-être exception, elle qui connaît pendant toute sa vie des alternances de bonnes et de mauvaises époques (*Albertine en cinq temps*), et qui trouve la sagesse quand elle est sur le point de mourir. Je reviendrai sur ce cas unique (ou quintuple !) en temps et lieu. On peut conclure, en gros, que le théâtre nous montre la sinistre victoire du réel sur les rêves par lesquels les personnages ont constamment cherché à s'affirmer et à être heureux, chacun à sa façon. La victoire du réel, donc du malheur.

Les Chroniques peignent l'alpha, le début, l'enfance, le rêve ; le théâtre peint la déchéance et la mort[10]. Et, curieusement, c'est par le théâtre, par la *fin* que Michel Tremblay commence, et par le *début* qu'il poursuit. Quand il publie *La Grosse Femme d'à côté est enceinte*, sa carrière d'écrivain est déjà jalonnée de nombreuses réussites. *Les Belles-Sœurs* avaient été jouées dix ans plus tôt. Certes, l'intervalle n'est pas énorme et, entre-temps, il y a eu *C't'à ton tour, Laura Cadieux*, qui préparait le terrain. Mais Tremblay s'impose vraiment comme romancier avec les Chroniques, et il le fait en reprenant la matière de son théâtre, mais aussi en la retournant, en la changeant de signe. Le négatif devient le positif, le crépusculaire devient l'auroral. Thérèse enfant contient sans doute l'ivrogne violente et vulgaire qu'elle deviendra, mais la grâce de l'enfance est sur elle et l'absout. Marcel, adorable à trois ans, sera une loque vingt ans plus tard (d'ailleurs, au terme actuel des Chroniques, il jouxte l'espace tragique du théâtre), mais la narration, d'un roman à l'autre, ne cessera d'étirer le reste de merveilleux par lequel il se retient de glisser dans la folie. Évidemment, si les Chroniques sont globalement affectées d'un signe positif et le théâtre d'un signe négatif, il n'en reste pas moins qu'un mouvement se dessine, à l'intérieur même des Chroniques, vers le négatif. Marcel, qui prend une importance de plus en plus grande, de même qu'Albertine, vit un dérapage de plus en plus prononcé, et sa mère n'est pas loin de le rejoindre dans la folie. Édouard connaît une fin tragique et sordide, la Grosse Femme meurt elle aussi. L'avenir semble reposer sur les épaules de l'enfant de la Grosse Femme qui occupe, sur la scène narrative, la place de l'auteur, mais le dernier tome (paru) des Chroniques semble lui promettre un destin de raté [11].

Les Chroniques vont donc de la tonalité légère à la tonalité grave, d'une façon qui n'est pas continue d'ailleurs. Par exemple, *Des nouvelles d'Édouard* commence par le récit poignant de l'assassinat de la vieille duchesse (en 1976, elle est âgée d'une soixantaine d'années) et se poursuit avec le journal du voyage d'Édouard en Europe, trente ans plus tôt, sur un mode beaucoup plus fantaisiste. Mais la structure « anticipative » qui donne l'après d'abord, l'avant ensuite, constitue une dérogation qui ne fait que confirmer le privilège de l'amont. Plus on est près de l'enfance, plus on rit.

Et pourtant, les choses sont plus complexes, si l'on tient compte qu'Édouard, le vendeur de chaussures, ne devient la duchesse qu'au terme d'un long cheminement — et c'est alors qu'il se libère vraiment, qu'il rit sans retenue, fait de sa vie une plaisanterie, existe à la hauteur de l'esprit d'enfance qui est en lui (une enfance, certes, qui a tourné le dos à l'innocence !). De la même façon, Victoire, femme originale mais qui vit sous le coup d'un interdit, finit par acquiescer à sa grande et vieille passion pour son frère Josaphat, et les dernières années de sa vie seront beaucoup plus sereines. Comme dans toutes les œuvres véritables, des schèmes thématiques en sens contraire assurent à la fois la direction de l'histoire et sa complexité.

■ ■ ■

Les Chroniques reprennent donc globalement la matière des pièces de théâtre, du moins du cycle des *Belles-Sœurs*, tout en effectuant une rafraîchissante remontée dans le temps. Les personnages sont, en gros, les mêmes. Nous avons peut-être là l'une des raisons du genre romanesque auquel recourt Michel Tremblay. La chronique, en effet, recourt essentiellement à ce que les théoriciens du récit appellent la scène romanesque, c'est-à-dire un discours qui s'attache à produire l'impression d'une reproduction intégrale de ce qui se passe. Les paroles des personnages semblent rapportées dans le menu détail, les gestes sont décrits avec minutie, le lecteur vit au même rythme que les personnages (et vice versa). Ce n'est pas un hasard si Gérard Genette utilise l'expression de *scène* romanesque : c'est qu'on est comme au théâtre, où les personnages vivent *dans le même temps* que le spectateur.

Marie-Louise Brassard, dans *À toi pour toujours, ta Marie-Lou*, et Marie-Louise dans *La Grosse Femme d'à côté est enceinte*, partagent non seulement la même identité, mais existent aussi à la même vitesse, celle du temps réel, quotidien. On peut dire, à cet égard, que la chronique convient mieux que toute autre formule narrative à un écrivain qui est, d'abord et avant tout, un dramaturge. Empruntés à une planète qui est celle de la scène dramatique, les personnages atterrissent sur une planète romanesque aussi semblable à la précédente que possible. Et sur laquelle, d'ailleurs, ils atteindront un degré de réalisation et de réussite comparable[12].

Le point de vue

La différence la plus importante entre la scène romanesque et la scène tout court, c'est, sur cette dernière, l'exposition totale du personnage en chair et en os ;

personnage que le spectateur peut certes ignorer momentanément quand son attention est attirée par telle ou telle autre présence, mais qui reste au moins virtuellement offert au regard. Par ailleurs, ce personnage est un objet, il n'existe que par son apparence, ses paroles, ses gestes ; son intériorité, qu'il n'exprime que de façon limitée, reste en bonne partie chose à deviner. Le mode de dévoilement du personnage de théâtre correspond à ce que les théoriciens du récit ont appelé la focalisation externe.

Le personnage de roman, quant à lui, peut avoir une existence purement extérieure (focalisation externe), ou intérieure (focalisation interne), et peut passer instantanément de l'une à l'autre. En outre, le narrateur peut révéler ce qui se passe en lui, chose impossible au théâtre. Des romanciers très conscients de leur art, comme Flaubert, ont réglementé avec beaucoup de précision l'usage de la focalisation, évitant de passer du point de vue d'un personnage à celui d'un autre sans préparation ou intention très précise, et s'abstenant d'expliquer ou de juger le personnage. Le réalisme flaubertien marque l'introduction, dans le roman moderne, d'une quotidienneté aliénante et rigoureusement représentée, qui signifie la fin de l'héroïsme romantique et, conjointement, la maximisation de la focalisation interne, laquelle tend à remplacer toutes les autres. Le monde sera vu désormais strictement à travers la conscience des personnages — de quelques personnages privilégiés, dont l'auteur nous fait sentir les états d'âme directement, mais surtout en décrivant le regard sur les choses que ces états d'âme colorent.

Chez Michel Tremblay, la focalisation interne est presque partout présente, en relation avec une peinture de la quotidienneté qui l'appelle. Toutefois, certains personnages se prêtent mal au procédé, comme par exemple les tricoteuses, ces fameuses divinités attachées à la famille de Victoire, qui n'ont pas d'intériorité psychologique semblable à celle des autres personnages, malgré leurs

côtés très familiers. La dimension surnaturelle des tricoteuses est inséparable du fait qu'elles sont vues uniquement de l'extérieur (et encore, seulement par les fous,
les poètes et les chats…). On ne connaît leurs pensées et
leurs sentiments que par ce qu'elles en manifestent exté-
rieurement. À cet égard, elles sont tout à fait l'équivalent
des personnages de théâtre.

D'autres personnages, épisodiques ceux-là, comme
les soldats qui se retrouvent chez Mercedes dans les premières pages de *La Grosse Femme* (p. 42), font aussi l'objet
d'une pure focalisation externe. C'est que le point de vue
de Mercedes ou de son amie, Béatrice, est prédominant et
ne souffre pas, sur le plan narratif, de concurrence.
D'autant plus que les femmes, chez Tremblay, ont beaucoup plus que les hommes le privilège de la conscience…
En fait, il serait inutile de multiplier à l'infini les focalisa-
tions internes. On peut tout de même noter leur nombre
passablement élevé dans les premiers tomes des Chroniques — puisque les personnages qui comptent sont
nombreux eux aussi. Le roman classique centre volontiers
l'action sur un petit groupe de personnes ; la chronique de
Tremblay, on l'a noté plus haut, n'a guère de centre. La
Grosse Femme, qui donne son titre au premier roman, est
entourée de personnages aussi importants qu'elle, sinon
davantage, sur le plan de l'action proprement dite. Son
caractère central relève plutôt de la dimension symbolique. Elle est un centre, mais non directif, et plus une
résultante qu'un moteur. La Grosse Femme, c'est ce que
tous les personnages qui l'entourent ne sont pas, elle
est leur envers immobile, l'intelligence aimante qu'ils
refoulent, la Maternité. Les autres personnages, de la
grand-mère au dernier-né, des voisines aux parents en
visite, gravitent autour d'elle comme une constellation
dont chaque élément a sa valeur et sa responsabilité dans
l'évolution de l'ensemble. Les Chroniques sont, en conséquence, un essaim de petits romans quotidiens emmêlés.

L'action (l'intrigue fortement charpentée) n'ayant plus l'importance qu'elle avait dans le roman traditionnel, les personnages sont plus autonomes, moins subordonnés à une intrigue unifiante. De ce point de vue, il n'y a plus une mais plusieurs scènes narratives, on peut même dire : une multitude. Le roman tend à devenir aussi divers qu'il y a de personnages qui le peuplent. *La Grosse Femme* est le roman de vingt-cinq personnages qui, d'une certaine façon, sont autant de centres successifs du roman même si l'auteur, par commodité, en privilégie quelques-uns.

Certes, à l'échelle de l'ensemble des Chroniques, on note une évolution. La pluralité des points de vue dans les deux premiers tomes tendra par la suite à se réduire, le personnage d'Édouard prenant une place de plus en plus grande, surtout dans *Des nouvelles d'Édouard* constitué principalement par son journal de voyage, donc par un texte à focalisation interne maximale. Dans *Le Premier Quartier de la lune* et *Un objet de beauté*, la forte articulation du récit autour du drame d'un ou de deux personnages (Marcel, l'enfant de la Grosse Femme), même si la temporalité très quotidienne reste celle de la chronique, nous amène au roman proprement dit, c'est-à-dire à une forme de représentation fortement dramatique, voire tragique — Albertine et Marcel devenant de véritables incarnations du tragique. La chronique qui s'est ainsi resserrée en roman et qui inscrit le malheur du monde au cœur de la vie immédiate, voilà le terme (en tout cas provisoire) de la grande suite romanesque de Tremblay, et ce terme est tout proche de la problématique théâtrale qui lui a donné naissance[13]. Le Marcel d'*Un objet de beauté* (1997) est celui même d'*En pièces détachées* (1970).

Le réel, le peuple, le carnavalesque

Conjointement avec la formule de la chronique romanesque à laquelle il donne ses lettres de noblesse, ce qui fait en bonne partie l'intérêt des romans de Tremblay et permet de les distinguer de beaucoup d'entreprises littéraires postmodernes, c'est que l'écrivain, issu du peuple, peint le peuple et confère naturellement à son œuvre une dimension carnavalesque, pour reprendre un concept du poéticien Mikhaïl Bakhtine[14]. Cette dimension met l'œuvre de Tremblay en rapport avec l'une des grandes traditions de la littérature occidentale, celle qui s'alimente directement à la culture populaire.

En effet, Bakhtine, dans ses travaux sur François Rabelais, a montré l'importance pour plusieurs grandes œuvres (non seulement celle de Rabelais, mais aussi de Boccace et, plus près de nous, de Gogol) de l'inspiration populaire, voire folklorique. Déjà, dans l'Antiquité, Pétrone et Aristophane s'abreuvaient à cette source. Le réalisme grotesque de nombreuses œuvres a sa source dans la culture comique populaire telle qu'elle s'exprime dans les fêtes et les foires, dans le carnaval. Et ce qui fait l'essentiel du carnaval, c'est le rire «victorieux de tout», qui opère la «catharsis de la trivialité»[15].

Le réalisme grotesque, le rire qui permet aux personnages de transcender leur malheur, leur misère matérielle, affective et morale, sont présents aussi au cœur des grands romans de Michel Tremblay et déterminent une part essentielle du plaisir qu'on y prend. C'est le peuple qui parle, dans l'œuvre romanesque et dramatique de Tremblay, c'est ce milieu populaire auquel l'auteur appartient profondément. On peut citer ici ce que l'écrivain confiait à André Vanasse[16], à propos de la différence entre ses tout premiers écrits publiés et ses premières œuvres importantes : «*La Cité dans l'œuf*, c'est mes "bibittes" à moi. C'est pas intéressant. Ce qui m'importe, c'est les "bibittes" des autres, c'est-à-dire ce que je fais dans mon théâtre.» Les «bibittes» des autres, ce sont les problèmes, les drames intérieurs, les malheurs des petites gens qu'il a connus dans le quartier de son enfance, et auxquels il compatit profondément[17].

On voit ici que, même si le choix d'écrire, d'être écrivain, sans compter son orientation sexuelle déclarée, font de Michel Tremblay un marginal par rapport à son milieu, nul plus que lui n'est en continuité avec la vérité collective ; vérité dont la classe populaire est, pour tous ceux qui sont sensibles à la dimension collective, la détentrice privilégiée parce que son expérience du réel est plus fondamentale, plus directe, plus totale que celle des classes dominantes. Sartre, affirme Simone de Beauvoir dans *La Force des choses*, pensait que « le vrai point de vue sur les choses est celui du plus déshérité ; le bourreau peut ignorer ce qu'il fait : la victime éprouve de manière irrécusable sa souffrance, sa mort ; la vérité de l'oppression, c'est l'opprimé »[18]. On peut penser que l'écrivain qui a, comme Michel Tremblay, ses racines dans le peuple a des chances d'accéder à une vision sociale plus universelle que l'écrivain petit-bourgeois, à condition qu'il sache faire siens les moyens de la culture bourgeoise, et c'est une telle vision qui s'exprime dans les Chroniques du Plateau Mont-Royal et qui assure leur succès.

Le roman de Michel Tremblay est donc postmoderne, si l'on veut, mais ce qui importe tout autant, c'est sa position par rapport à une culture populaire à laquelle il est étroitement lié, comme le sont le théâtre d'un Gratien Gélinas (*Les Fridolinades* et *Tit-Coq* en particulier), la poésie d'un Gaston Miron, la chanson d'un Félix Leclerc ou d'un Gilles Vigneault, l'œuvre d'une Gabrielle Roy (née dans une famille modeste du Manitoba francophone) ou d'une Antonine Maillet.

L'inspiration populaire de Michel Tremblay permet, en tout cas, de comprendre la place qu'il accorde à des figures véritablement carnavalesques telles que Rose Ouellette (la Poune) et Juliette Petrie, dans un roman comme *La Duchesse et le roturier*. La tradition québécoise du théâtre burlesque, fondée sur une improvisation qui s'élabore dans un contact immédiat et jamais interrompu avec le public, est un exemple pour le romancier chroniqueur qui puise la matière de son œuvre dans la profusion quotidienne des rituels personnels, familiaux et sociaux ordonnant l'existence de tous et de chacun.

La langue mi-parlée

En harmonie avec la représentation psychologique et sociale du quotidien, la langue des Chroniques du Plateau Mont-Royal réalise un heureux équilibre entre le français littéraire et la langue populaire. On pourrait qualifier de langue mi-parlée ce discours du narrateur qui ne fait pas vraiment contraste avec celui des personnages, tout en se situant globalement du côté de l'écrit. L'introduction contrôlée, dans la langue de narration, de mots du langage populaire, telle que Zola la pratiquait déjà dans *L'Assommoir*, constitue une figure de style indirect libre (*très* libre) qui inscrit la vision du personnage dans le discours du narrateur. Il peut s'agir de mots québécois du registre familier (« [Marcel] appuya la tête sur la fourrure quelque peu *maganée* de Duplessis », p. 303 ; « Gabriel était attablé devant quatre *drafts* froides… », p. 99), ou encore, d'approximations lexicales (« Sœur Sainte-Philomène et sœur Sainte-Thérèse de l'Enfant-Jésus […] attendaient le signal de sœur Sainte-Catherine pour *héler* Simone au-dessus de l'autel », p. 379). *Héler*, pour *haler*, n'est peut-être qu'une faute d'inattention que les éditeurs successifs, tant québécois que français, n'ont pas relevée.

Quoi qu'il en soit, c'est moins dans l'emploi de mots appartenant au registre familier ou populaire que dans la tonalité décontractée (vocabulaire très accessible, syntaxe simple, peu apprêtée) que le narrateur de Michel Tremblay se rapproche de la langue parlée. Jamais on ne perçoit les marques d'un *travail* de l'écriture, d'une volonté de performance stylistique comme on en trouve, par exemple, chez Anne Hébert. Tremblay n'est pas un

« fin styliste » et ne cherche pas à l'être : ce serait trahir son projet, qui suppose un accord avec un public rien moins que précieux.

Et puis, et surtout, la narration est criblée de citations des personnages, paroles prononcées ou simplement pensées, monologues et dialogues. Ces paroles, qui ne sont pas placées en retrait mais intégrées au corps du texte, font une large place au vernaculaire, c'est-à-dire au langage populaire montréalais. Même les tricoteuses, sortes de divinités du destin, s'expriment dans la langue du peuple : « Tu tricotes trop lousse » (p. 13). « Si moman m'avait donné d'la laine de c'te couleur-là, j'arais été ben désappointée. » (*Ibid.*). La prononciation, certes, compte pour beaucoup dans l'effet de particularisme langagier, mais on sent, chez Tremblay, une volonté d'afficher le français local, quitte à s'aliéner une partie du public francophone international[19].

Là où le langage romanesque de Tremblay devient le plus délicieusement problématique, c'est sans doute dans le Journal de voyage d'Édouard qui est écrit comme son auteur parle, avec la même faconde — et c'est tant mieux — mais aussi avec les mêmes marques linguistiques : « *J'm'en* suis pas rendu compte quand elle s'est réveillée, *ça fait que chus* resté un peu saisi… » (p. 645). Ce journal est rédigé à l'intention de la Grosse Femme, grande lectrice de romans (Balzac, Hugo, Gabrielle Roy…), et on se demande pourquoi Édouard s'efforce ainsi de reproduire, par écrit, le système de la langue parlée. Sans doute déroge-t-il parfois à cette façon de faire et retrouve-t-il une écriture plus normale : « Je me suis dirigé vers la sortie où on annonçait des taxis, furieux, humilié et flottant dans ma culotte » (p. 716).

Malgré l'invraisemblance du procédé, la pratique langagière d'Édouard dans son journal finit par s'imposer au lecteur, révélatrice qu'elle est d'une primauté de l'oral sur l'écrit, plutôt bienvenue en littérature après une époque où un certain formalisme avait inversé la perspective. L'Écriture avait résolument détrôné le Réel. Le postmodernisme rend la parole à ce dernier, mettant en déroute la problématique derridienne de la trace et de la *différance*... On peut désormais parler de nouveau de l'existence, du peuple, des problèmes sociaux ou quotidiens. La langue mi-parlée que Tremblay fait triompher dans les Chroniques restaure le sens de l'authenticité littéraire, sans, bien entendu, invalider l'entreprise hautement esthétique d'autres écrivains telle Anne Hébert, mais en réconciliant avec l'Art les réalités populaires et humaines fondamentales[20].

Unités : de lieu

Toujours dans le sens des parentés entre les Chroniques de Tremblay et ses pièces, on peut noter la présence, dans celles-là, des unités du théâtre classique, du moins à un certain niveau — le roman étant naturellement plus polytopique que la scène.

Unité de lieu, bien affichée : le Plateau Mont-Royal, dont le cœur (symbolique) est la maison où cohabitent Victoire, son fils Édouard, sa fille Albertine avec ses deux enfants, et son fils Gabriel avec sa femme enceinte (la Grosse Femme) et ses deux fils. La rue Fabre, qu'habitent plusieurs femmes enceintes, les rues avoisinantes, en particulier la rue Mont-Royal avec ses commerces, la taverne, le parc Lafontaine, l'école des Saints-Anges, l'église Saint-Stanislas de Kostka, tous ces endroits publics où l'on est de passage ou en séjour provisoire, prolongent la maison et en sont jusqu'à un certain point la transplantation dans l'espace de l'ailleurs. D'autres lieux existent, comme ces grands magasins de la rue Sainte-Catherine où les ménagères du Plateau se transportent en troupe pour goûter les bienfaits de l'exotisme. Il y aura aussi la *Main*, qui deviendra une seconde patrie pour

Édouard, Thérèse, Maurice et plusieurs autres. Mais l'action véritable se passe *ici* : en rapport avec cette maison d'où l'on part et où l'on revient — à moins qu'on n'y reste, comme la Grosse Femme, et qu'on n'y pratique le grand art de rêver, sans bouger… à Acapulco. Édouard, lui, ira rêver de la France en France, mais il en reviendra vite, à la façon de Saint-Denys Garneau. Le Plateau Mont-Royal est sa vraie maison — ou plutôt, une fois Édouard orphelin et affranchi des interdits, son chez-soi est la *Main*, que le voyage initiatique l'aidera à reconnaître et à accepter.

L'art de s'inventer un ailleurs, Marcel le pratiquera dans *Un objet de beauté*, faisant surgir diverses scènes liées à des activités artistiques purement imaginaires. Il se transporte d'abord dans un quartier mal famé de Londres, où il imagine une rencontre avec son père (film). Puis il sauve la vie de sa tante bien-aimée, la Grosse Femme, alors enfant et menacée par un feu, dans les prairies de l'Ouest canadien (nouvelle). Une autre fois, il se voit peintre à l'époque du Quattrocento, et auteur d'un Jugement dernier que pillera Michel-Ange. Enfin, il exécute, à la salle Wilfrid-Pelletier de la Place des arts, *La Sonatine à la lulune*. De tous ces ailleurs où la pratique de l'héroïsme devient possible, le dernier n'est pas le moins invraisemblable.

… de temps

Unité de temps, maintenant : vingt-quatre heures (ou moins), comme dans les pièces de Racine ou de Corneille. C'est le cas pour *La Grosse Femme d'à côté est enceinte*, qui nous raconte une journée dans la vie de la famille X (le nom nous restera inconnu). Le 2 mai 1942. Tôt le matin, les tricoteuses s'activent sur leur balcon à fabriquer des « pattes » de laine pour les bébés qui vont naître un mois plus tard. Les menus événements qui ont lieu cette journée-là trouvent leur couronnement dans une réunion improvisée où la Grosse Femme, sur son balcon, entourée de six autres femmes enceintes de la rue Fabre, chante avec elles « Le Temps des cerises » et prodigue ses encouragements, son expérience de mère âgée de quarante ans se portant au secours de leur jeunesse aux prises avec l'inconnu. Le balcon, qui prolonge la maison, à la façon d'un appendice, tout en étalant l'intimité familiale au regard des voisins, est un lieu de synthèse important que Michel Tremblay exploitera à quelques reprises, dans ses romans comme dans son théâtre. Il est présent au début et à la fin de *La Grosse Femme*, en relation avec le début et la fin du jour qui connotent l'unité et la totalité de l'existence humaine, dont la maternité est l'événement central.

Thérèse et Pierrette nous invite aussi à assister au lent écoulement des heures du jour, mais l'unité de temps est élargie à quatre journées successives (du premier au 4 juin 1942), pendant lesquelles se prépare le grand événement de la procession de la Fête-Dieu. L'unité d'action ici compense largement la dilatation du cadre temporel — d'autant plus que, dans le cas d'un roman, l'unité de temps classique est fort exceptionnelle.

Le temps continue à s'élargir, dans *La Duchesse et le roturier*, vaste fresque du monde du spectacle dans le Montréal du début des années cinquante. Édouard est au centre de tous les récits particuliers, à titre de consommateur effréné ou, de façon exceptionnelle, de participant (il s'improvise éclairagiste au Théâtre National), jusqu'à devenir lui-même spectacle en se travestissant. L'action racontée occupe quelques journées de janvier, février et mai 1947, sans compter quelques retours à des scènes cruciales de 1946.

L'unité de temps est merveilleusement bafouée dans *Des nouvelles d'Édouard*, qui commence par le récit du meurtre de la duchesse en 1976 et se poursuit par le Journal d'Édouard en mai et juin 1947. On nous raconte donc la fin d'Édouard, suivie des débuts de la duchesse (puisque le voyage est un rite d'initiation qui doit permettre à Édouard de s'approprier les vertus et qualités d'une femme du monde, en l'occurrence la duchesse de Langeais). Quelques prolepses nous reportent vers les jours qui ont suivi l'assassinat, ou encore, vers cette journée de 1947 où, revenu incognito de son voyage, Édouard s'entretient avec la Grosse Femme — sur le balcon...

Eh bien, après cette débauche de temporalité, on revient, avec *Le Premier Quartier de la lune*, aux fameuses vingt-quatre heures (même pas), en l'occurrence la première journée du printemps, qui est l'occasion, pour l'enfant de la Grosse Femme, de préciser de façon décisive ses relations avec son grand cousin Marcel. Tout, dans ce roman dont le héros est l'alter ego de l'auteur, est plus resserré que dans les textes précédents de la série, et c'est le ton, le style du roman, malgré la temporalité détaillée de la chronique, qui s'imposent. Le carnavalesque, si important dans les premiers tomes et si lié aux personnages eux-mêmes, à Victoire, aux tricoteuses, à Édouard, à Ti-Lou et à tant d'autres, laisse la place aux angoisses d'un pauvre adolescent tourmenté par un génie qu'il n'arrive plus à contrôler, qui le délaisse. Le tragique s'installe, et l'unité de temps classique convient on ne peut mieux à cet avènement.

Le tragique s'affirme davantage encore dans *Un objet de beauté*, dont l'action court sur trois journées situées en mars, en mai et à la fin de septembre (ou début d'octobre) 1963. Les trois actes d'une sorte de mise à mort de Marcel, condamné à l'enfer de la folie, occupent chacun une journée seulement, et sont séparés par des intervalles de plusieurs mois. On observe donc toujours la tendance à faire, de la journée, le cadre d'une action complète, laquelle occupe tout le roman ou une partie importante. Par ailleurs, si l'on fait le compte des journées racontées dans l'ensemble des Chroniques qui couvrent vingt et un ans (1942-1963), on se rend compte qu'elles sont une poignée seulement, et qu'en elles, si minutieusement relatées, tient le destin de très nombreux personnages et prennent place quatre ou cinq tragédies individuelles longuement développées.

... et d'action

Il reste à parler de l'unité d'action, qui n'est pas toujours évidente dans les premiers romans, mais qui tend à s'imposer de plus en plus.

La Grosse Femme d'à côté est enceinte pose sans doute un problème, dans la mesure où ce qu'on peut appeler l'action d'ensemble est fort peu consistant. En effet, que se passe-t-il dans cette vaste fresque intimiste ? En un sens, presque rien : les personnages — les enfants d'abord puis les adultes — sortent de la maison, se promènent dans les rues du Plateau, se retrouvent au parc Lafontaine, reviennent ensemble chez Victoire, prennent ensemble le repas du soir ; puis la Grosse Femme, qui n'est pas sortie, se fait transporter sur le balcon et réunit autour d'elle les autres femmes enceintes de la rue Fabre. Rien, en soi, de trépidant.

Toutefois, chaque personnage vit intensément sa situation personnelle, et certaines de ces intrigues particulières sont fortement articulées. Marcel, le ravissant enfant, a la douleur de perdre son chat bien-aimé et il obtient des tricoteuses, ces bonnes fées, de le ressusciter. Thérèse, encore fillette, enclenche une idylle ravageuse en embrassant le beau gardien du parc, de plusieurs années plus âgé qu'elle. Le jeune homme en sera totalement bouleversé. Ti-Lou, une vieille prostituée qui a régné sur Ottawa, est en rémission, le diabète ayant déterminé une gangrène et rendu nécessaire l'amputation partielle d'une de ses jambes, et elle voit soudain la mort fondre sur elle. Victoire entretient avec son fils Édouard, dont elle devine l'homosexualité, une relation à la fois affectueuse et sadique, en même temps qu'elle combat une passion incestueuse pour son frère Josaphat. La Grosse Femme, qui aime le rêve et l'amour et qui protège comme un enfant son mari trop faible, est humiliée par les condamnations plus ou moins explicites de son entourage, que lui vaut sa maternité tardive. Albertine, femme qui ne rêve ni ne sacrifie à l'amour, heureuse d'être débarrassée de son mari parti à la guerre, mais accablée par ses tâches maternelles et domestiques, vit dans un état de rage permanent : la vie lui est un constant supplice. Richard, fils aîné de la Grosse Femme et souffre-douleur de Philippe, son frère cadet, éprouve, au parc Lafontaine, ses premières vraies émotions sexuelles et surmonte son désarroi grâce à Mercedes, la très bienveillante prostituée, qui le renseigne sur les choses de la vie. D'autres intrigues, concernant des personnages périphériques, s'emmêlent à celles-là. Il y a, par exemple, l'histoire de Claire Lemieux, la vaillante « petite femme de Saint-Eustache », qui supporte bravement la fainéantise de son mari surnommé la baleine blanche. Certains personnages que le théâtre nous a fait connaître trouvent un accueil dans ces pages foisonnantes : Marie-Louise et Léopold Brassard (*À toi pour toujours, ta Marie-Lou*), Rita Guérin et ses filles — Germaine Lauzon, Rose Ouimet, Gabrielle Jodoin, Pierrette (*Les Belles-Sœurs*)... Bref, la tribu est nombreuse, bouillonnante de vie, exubérante comme le printemps qui éclôt partout en ce début de mai, comme cette démographie de la rue Fabre qui s'emballe avec pas moins de six maternités en cours (plus une autre, celle de Laura Cadieux, qui s'y joint).

Peu d'action, donc, à l'échelle globale du roman, mais beaucoup d'action dans tous les coins, ce qui correspond tout à fait à l'esthétique de la chronique, de même qu'à une poétique carnavalesque. Le carnaval suppose la profusion, l'animation populaire, le mélange des styles et le drame individuel noyé dans le rire universel.

Quand on passe au deuxième livre des Chroniques, *Thérèse et Pierrette à l'école des Saints-Anges*, on éprouve à la fois l'impression d'une aussi grande abondance de personnages et d'histoires, et pourtant, d'une plus grande unité. Tout, en effet, est subordonné à un événement, la procession de la Fête-Dieu (et en particulier le reposoir auquel elle aboutit), qui est d'abord préparé sous la direction des religieuses et dont le récit constitue le couronnement du roman. Un grand nombre d'intrigues individuelles ou concernant un petit nombre de personnes se déploient sous l'aile de l'événement. On peut distinguer, en particulier, les suivantes. Simone, l'amie de Thérèse et de Pierrette — elles sont les trois inséparables du... duo « Thérèse pis Pierrette » —, vient d'être opérée pour son bec-de-lièvre et espère ainsi accéder à la beauté. Elle se heurte dès lors à l'hostilité de mère Benoîte des Anges, la directrice de son école, mais bénéficie de la protection de quelques religieuses. Pour se mettre en valeur, elle acceptera d'être le petit ange suspendu du reposoir, ce qui l'exposera à des déconvenues. Autre intrigue importante : la suite des amours entre Thérèse et Gérard Bleau. Le jeune homme réussit à approcher la fillette aguicheuse, mais il recule devant l'acte qu'il est sur le point de commettre, et s'enrôle dans l'armée. L'histoire, sans doute, se répète puisque le père de Thérèse a aussi fui, dans l'armée, la vie conjugale intenable.

L'intrigue la plus importante concerne toutefois un personnage nouveau dans les Chroniques, et qui ne reparaîtra plus par la suite. Sœur Sainte-Catherine, une enseignante dévouée, dynamique, aimée de ses élèves, est en butte à l'hostilité de sa directrice, la terrible mère Benoîte des Anges, qui envie sa jeunesse et ses talents et qui, de plus, jalouse sa grande intimité avec sœur Thérèse de l'Enfant-Jésus. Chargée d'organiser la mise sur pied du reposoir et le grand spectacle qui l'accompagne, sœur Sainte-Catherine réussit à tenir le coup pendant les quatre jours qui mènent à l'événement, puis elle prend la décision de quitter la communauté, tâchant d'entraîner son amie avec elle. Cette intrigue est accompagnée de plusieurs autres qui, autour de quelques figures d'un grand pittoresque, recréent la vie d'une communauté de religieuses enseignantes.

Malgré l'importance de sœur Sainte-Catherine et de ses démêlés avec sa directrice, il est difficile de trouver un centre net au récit puisque la procession de la Fête-Dieu, vers laquelle tout converge — tant les histoires de la *maison* que celles de l'*école* —, n'est pas un événement significatif en lui-même sur le plan narratif (bien qu'il le soit sur le plan symbolique). Quant aux principales intrigues indivi-duelles, elles se rapportent à des espaces de narration dif-férents. L'histoire de sœur Sainte-Catherine appartient uniquement à *Thérèse et Pierrette à l'école des Saints-Anges*, où elle occupe sans doute une place prépondérante, mais les intrigues se rapportant à Thérèse et à ses compagnes, à Gérard Bleau, à Victoire aussi qui va consentir à son amour pour Josaphat, à Marcel qui n'arrive pas à faire admettre à son entourage l'existence de son chat Duplessis, sont en rapport avec une sphère beaucoup plus vaste, qui englobe plusieurs tomes des Chroniques. L'unité d'action reste donc en bonne partie problématique, ce qui est conforme à une poétique de la chronique. On n'en admire pas moins l'art avec lequel Tremblay joue de ses histoires et crée une tonalité dramatique soutenue.

La Duchesse et le roturier est un remarquable roman centré sur deux sujets. Le premier concerne une destinée individuelle, celle d'Édouard, qui décide de ne plus être un simple vendeur de souliers (le « roturier ») et d'incar-ner, par le travestissement, la femme du monde (la « duchesse ») qu'il porte en lui. La mort de sa mère, Victoire, est l'élément déclencheur qui lui permettra de franchir le pas. Le deuxième est collectif. Il s'agit d'un vaste tableau du spectacle à Montréal (théâtre, cinéma, chanson, variétés), depuis ses manifestations les plus modestes jusqu'aux plus élevées. Édouard est lié encore à ce contenu puisqu'il est de tous les parterres et de toutes les claques, et qu'il se retrouvera même dans les coulisses du Théâtre National comme éclairagiste improvisé. On voit donc que, d'une part, le sujet n'est pas unifié, mais aussi que la convergence est beaucoup plus marquée que dans les tomes précédents. Édouard, pointé dans sa dualité originelle (l'homme réel/le rêveur) par le titre, est bien la figure dominante, mais on n'a pas quitté encore la chronique, ni surtout le carnaval, présent tant dans nombre des spectacles racontés que dans la vie, la personnalité même d'Édouard.

Des nouvelles d'Édouard est encore plus étroitement centré sur le même personnage, là encore écartelé entre ses deux identités, celle de la duchesse au début, sordidement assassinée, puis celle du roturier faisant, trente ans plus tôt, son voyage en France, histoire d'acquérir cette « classe » qui lui permettra d'incarner son personnage. Action une et double, puisque ses deux tronçons appartiennent à deux époques très éloignées.

Comme je l'ai signalé plus haut, *Le Premier Quartier de la lune* constitue un pas décisif fait vers une forme de roman plus classique (et non « traditionnel » puisque la même narration alerte nous plonge dans un réel qui ne doit rien à la rhétorique convenue), plus nettement articulé autour d'un personnage. Encore que le héros de ce roman soit difficile à désigner : Marcel ? L'enfant de la Grosse Femme ? La dualité, qui opposait Édouard à lui-même dans les tomes 3 et 4, ou l'école à la maison dans le tome 2, s'installe ici entre les deux cousins et, comme l'enfant de la Grosse Femme est manifestement l'alter ego de l'auteur, on serait porté à lui accorder la première place, même si Marcel est un personnage beaucoup plus consistant. Par ailleurs, la disparition presque totale d'éléments carnavalesques nous montre bien que le terrain de la chronique est délaissé au profit de la tonalité dramatique.

Cette tonalité s'exprime pleinement dans le dernier tome (paru) des Chroniques, *Un objet de beauté*, centré, cette fois, uniquement et pleinement sur Marcel. L'enfant de la Grosse Femme n'y fait qu'une insignifiante apparition et le narrateur laisse entendre qu'il ne fera peut-être jamais rien de sa vie. Voilà donc un texte narratif parfaitement centré, et rien de carnavalesque n'y subsiste, sauf peut-être la folie du héros, tout de suite récupérée par le tragique. L'unité d'action triomphe enfin, dans un livre dont le titre, qui reprend un vers célèbre de l'*Endymion* de Keats («*A thing of beauty is a joy forever*»), connote classicisme et «grande» littérature. Notons en passant que cette référence à *Endymion* est chargée de sens puisque le jeune berger, d'une part, est le symbole de la beauté masculine et que, d'autre part, Keats lui fait vivre une quête de beauté qui aboutit à une union avec la Lune — en qui l'on peut reconnaître cette «Lulune» mère qui règne sur la sensibilité exacerbée de Marcel, et sans doute sur toutes les sensibilités que nous dépeint Tremblay.

Le roman, avec sa structure fortement dramatique, finit donc par avaler la chronique à l'intrigue plurielle et peu centrée, où les actes ont plus d'importance que l'action, et les gestes, que les actes.

Toutefois, la forte densité narrative du roman n'entraîne pas nécessairement une plus grande intensité de l'imaginaire. On observe même le contraire. L'imaginaire des premiers tomes des Chroniques, autour de la figure (périphérique, sur le plan narratif) de Josaphat, présente plus de consistance que celui des tomes ultérieurs, comme si la narration décontractée du début, où triomphe la chronique, trouvait une compensation dans la vigueur toute particulière des constructions du Rêve.

▶ NOTES

1   Gilles Marcotte aborde la question du statut exemplaire de *Bonheur d'occasion* dans *Le Roman à l'imparfait. Essais sur le roman québécois d'aujourd'hui*, Montréal, Éditions la Presse, 1976, p. 41-43, et il y revient dans une communication plus récente intitulée «*Bonheur d'occasion :* le réalisme, la ville», reprise dans *Écrire à Montréal*, Montréal, Boréal, 1997, p. 127-135.

2   Il renoue aussi avec le passé, grâce aux romans historiques d'un Louis Caron. Voir Jacques Allard, *Le Roman du Québec. Histoire. Perspectives, Lectures*, Montréal, Québec Amérique, 2000, p. 262. Notons que l'action des premiers tomes des Chroniques du Plateau Mont-Royal se situe au cours des années quarante et cinquante.

3   «Chus peut-être un nobody mais je le sais!», écrit Édouard dans son journal de voyage (p. 669). La conscience de ses limites est la seule supériorité possible.

4   Michel Tremblay, sur ce point du réalisme magique, a reconnu sa dette à l'égard de Gabriel Garcia Marquez (*Cent ans de solitude*) : «Ce roman m'a ouvert les horizons en me dévoilant qu'on pouvait mélanger le réalisme et le fantastique. Ce que j'ai fait d'abord pour *La Grosse Femme...*, puis au théâtre» (*Pièces à conviction*, p. 146).

5   *La Grosse Femme d'à côté est enceinte*, p. 62-63. Violette se souvient d'avoir vu venir au monde les enfants de Victoire, puis Victoire elle-même... Elle «parl[e] de plus en plus vite» au fur et à mesure que sa conscience découvre de nouveaux pans du passé.

6   «Le temps du *Matou*», *Écrire à Montréal*, p. 137-157.

7   Les deux premiers auraient pu aussi bien être cités.

8   Sauf pour le dernier, *Un objet de beauté*, dont l'action se déroule en 1963 ; mais Marcel, enfermé dans sa folie, est imperméable aux transformations sociales qui l'entourent. On en peut dire autant d'Albertine, sa mère, que dévore plus que jamais son éternelle frustration.

9   Cousine de l'auteur, Hélène a inspiré le flamboyant personnage de Thérèse.

10 À une question de Luc Boulanger sur les intentions dont procèdent les Chroniques, Michel Tremblay répond : «Je voulais fouiller dans la genèse de mes personnages, dont j'avais écrit l'apocalypse. J'essayais de comprendre comment ces personnages étaient devenus les monstres qu'ils sont dans mes pièces. J'ai donc décidé de tous les rajeunir de vingt-cinq ans. Enfants ou jeunes adultes, ils peuvent croire encore au bonheur, aux rêves.» (*Pièces à conviction*, p. 93.)

11 «[...] c'était un simple rêveur, un de ces rêveurs éveillés qui se consument à petit feu et dont on finit par dire, un jour : "Tiens, c'est

drôle, y'a rien fait de sa vie, celui-là... Y me semble qu'y'avait un certain talent, pourtant..." » (p. 1096)

12 Sur la question des rapports entre le théâtre et l'œuvre romanesque de Tremblay, on lira l'étude suggestive de Laurent Mailhot, « Michel Tremblay, ou le roman-spectacle », dans *Ouvrir le livre*, Montréal, l'Hexagone, 1992, 354 p. ; p. 163-173.

13 Michel Tremblay à Luc Boulanger : « Et j'ai toujours dit que les derniers tomes des *Chroniques...* viendraient, chronologiquement, juste avant *En pièces détachées*. Et je l'ai fait : *Un objet de beauté* se passe en 1963, au moment où Albertine va placer Marcel à l'asile. » (*Pièces à conviction*, p. 93.) Il ne faut pas conclure pour autant que la série des Chroniques est terminée. L'incertitude, quant à la question du point final, dure depuis le début et s'est renouvelée à chaque nouvelle parution. L'interview qui clôt l'ouvrage de Marie-Lyne Piccione fait état d'un roman, *Le Passé intérieur*, dont Michel Tremblay aurait abandonné la rédaction, découragé par la mauvaise réception réservée par la critique à l'Albertine d'*Un objet de beauté* (*op. cit.*, p. 192-193). Depuis, il y a eu l'édition collective des Chroniques dans la collection « Thesaurus ». Même si celle-ci a de fortes allures d'intégrale, on peut toujours espérer que l'auteur se ravise.

14 Théoricien et critique russe (1895-1975), dont les travaux ont fortement influencé la sociocritique française.

15 Voir Jean-Yves Tadié, *op. cit.,* p. 168-169. On lira aussi les propos de Laurent Mailhot dans « Michel Tremblay, ou le roman-spectacle », *op. cit.*, p. 169-170.

16 Le Magazine *Maclean*, sept. 1972, p. 20.

17 Il sera de nouveau question de « bébites » avec Luc Boulanger, mais, cette fois, tout est ramené aux préoccupations subjectives : « Quelques semaines après avoir achevé une pièce, je m'imagine toujours être le plus mauvais écrivain au monde. Chaque fois — que ce soit avec *Albertine...* ou *Les Anciennes Odeurs* —, je me dis que mes bébites n'intéressent personne. » (*Pièces à conviction*, p. 113.) De ce parallélisme, on peut conclure que l'attention aux autres rejoint les motivations individuelles profondes. Qu'est-ce qu'un moi ?

18 Simone de Beauvoir, *La Force des choses*, Paris, Gallimard, 1963, p. 17.

19 Ce qui ne l'empêchera pas d'être publié et diffusé en France, et d'y être fort apprécié d'un certain public averti de la situation culturelle des Québécois. Quant au théâtre, par les traductions et les adaptations, il a rejoint un vaste auditoire international.

20 Sur la question de la langue dans l'ensemble de l'œuvre de Tremblay, on lira l'analyse de Lise Gauvin, « Michel Tremblay et le théâtre de la langue », dans *Langagement*, Montréal, Boréal, 2000, 254 p. ; p. 123-141.

CHAPITRE TROIS

Les constructions du Rêve, I
Autour de Josaphat

D ans les Chroniques du Plateau Mont-Royal, il n'est sans doute pas de thème plus visible et, sans doute, plus important que celui qui oppose le Rêve à une réalité plate et fondamentalement génératrice d'ennui. Tous les personnages, à l'exception d'Albertine qui fait profession de rester les deux pieds sur terre (mais qui ne peut résister, le temps d'une chanson, au charme du ténorino, le divin Tino Rossi! [p. 584]), rêvent d'une vie différente de la leur, une vie où le désir — pas nécessairement charnel, mais peut-être bien charnel aussi — trouverait sa pleine satisfaction[1].

Le recours au Rêve

La Réalité est donc vécue comme généralement pénible et dispensatrice soit d'ennui, soit de malheur. Contre elle, un seul recours possible : le Rêve, sous ses innombrables formes. Ce couple thématique n'a rien de nouveau en littérature. On le trouve déjà dans toute la littérature romantique, où le présent est synonyme d'une finitude ravageuse qui s'oppose à l'objet infini et inaccessible du désir, souvent associé au passé. Il habite aussi la littérature symboliste, dans laquelle l'Art, qui est une forme de spiritualité matérielle, incarnée, permet de fuir le marécage du quotidien. On ne trouve sans doute pas de ressort plus puissant du roman, depuis Balzac jusqu'à nos jours, que le conflit entre l'existence pratique et la vie idéale, objet d'une imagination nourrie de toutes les frustrations de la vie courante.

Chez Tremblay, le thème est remarquablement explicite et modulé de très nombreuses façons. Victoire, la vieille femme qu'on a dispensée des tâches domestiques et, par là même, condamnée à l'inaction, se sent dépérir en raison de son désœuvrement (p. 25). À son fils Édouard, qu'elle vient de traîner jusqu'au lieu de sa conception (en plein parc Lafontaine !), elle confie tragiquement : « J'm'ennuie tellement, dans'vie, si tu savais ! J'ai tellement rien à faire ! J'me sens tellement inutile ! » (p. 139). Le plus grand malheur qui puisse arriver à la femme, dans une société où elle monopolise les rôles actifs, où l'homme est absent ou minable, c'est l'impossibilité de se dépenser. Il en va de même pour la Grosse Femme, clouée à son fauteuil par la grossesse et l'obésité conjuguées. Centre de gravité du roman — le titre la désigne, elle et non pas une autre, même si elle reste à la périphérie de l'action, véritablement « à côté » —, elle a, du centre, l'immobilité. La réalité représente, pour elle, un accablement constant, aussi lourd que ce corps qui la cloue à son siège. Heureusement, « au fond de son ventre », semblable à l'enfant qu'elle porte et qu'elle désire tant, un « animal sauvage […] nourri de rêves et de mensonges » — il s'agit de sa révolte, de son goût de vivre — se réveille et lui fait hurler le mot magique : « Acapulco ! » (p. 29).

Le corps épais, massif de la Grosse Femme constitue donc une sorte de cage symbolisant l'ici réel, l'ici-*bas*, et cette cage enferme un être essentiel, tendu vers l'ailleurs. On peut penser aux hideuses tortues du parc Lafontaine auxquelles le jeune Richard, fils aîné de la Grosse Femme, s'identifie au cours de longues séances de contemplation : « Richard aurait voulu être une de ces tortues, il était une de ces tortues, quand les angoisses de l'âme empêchaient son corps de réagir : il avait choisi l'immobilité des tortues plutôt que d'essayer de résister à ses penchants morbides naturels et vivre » (p. 80). L'adolescent à l'affectivité souffreteuse s'enferme dans sa carapace, mol abri (« leur carapace grise et molle », *Ibid.*) qui le protège des atteintes de la vie, mais il garde la tête sortie et, comme celles des tortues, pointée « vers le ciel dans un geste de supplication » (*Ibid.*). La tortue, qui est grosse en dehors et maigre en dedans, est le parfait reflet de Richard quand « une peine trop grosse pour son corps frêle s'abattait sur lui » (*Ibid.*). La masse du réel, souci ou désespoir, gonfle le corps, mais la tête s'en évade et pointe vers la céleste patrie du Rêve.

Parlons, bien entendu, d'Édouard qui, comme la Grosse Femme, ou comme Richard métaphoriquement gonflé par le malheur, est obèse, et qui étouffe dans son rôle de vendeur de chaussures condamné à faire la courbette, à se mettre à genoux devant les clients arrogants, anglophones le plus souvent. C'est contre ce destin avilissant qu'il s'en invente un autre : « Les jours où il avait envie de hurler tant son métier de vendeur de chaussures l'écœurait, il basculait dans ce monde hétéroclite et infini [que lui offrent le Théâtre National ou le Théâtre Arcade] qu'il contrôlait tant bien que mal et dont il s'amusait à multiplier les possibilités pour oublier l'unique chemin de la médiocrité qu'avait emprunté sa vie. Le rêve était devenu une seconde nature, chez lui » (p. 526). C'est ainsi qu'il conçoit une identité de remplacement, la duchesse de Langeais, à l'aide de Balzac et avec la bénédiction (quelque peu réticente) de la Grosse Femme. Pourquoi cette duchesse-là, précisément ? Sans doute parce qu'elle termine sa vie en carmélite *déchaussée*, rejointe sur son lit de mort par l'homme qui l'a délaissée : « Ça c'est un destin ! Pis c'est ça que j'veux être ! Pas un vendeur de suyers ! » (p. 469). Le rêve, pour le vendeur de chaussures, va nécessairement pieds nus… Malheureusement, sa mort sera moins romantique que celle de son modèle.

Le rêve se définit à partir d'une matérialité encombrée, d'une obésité, parfois d'une anorexie faussement recouverte d'une carapace (les tortues de Richard), et parfois aussi — c'est le cas dans *La Grosse Femme d'à côté est enceinte* — d'une grossesse. Les femmes enceintes de la rue Fabre attendent la délivrance, et elles rêvent d'un enfant qui sera la revanche de leur vie diminuée ou déçue. Mais tous les personnages, à cet égard, sont gros d'une espérance impossible à satisfaire dans les limites de la réalité. C'est ce que reconnaît la Grosse Femme quand elle suscite les confidences de Marcel, après la désastreuse visite de l'enfant et de sa mère chez le marchand de pianos : « Des rêveurs. Toute la gang. On est toutes pareils » (p. 543). Même Albertine, fermée aux autres et à ses propres émotions, semblable à « un coffre-fort ambulant » (p. 844), peut accéder, très ponctuellement, à une autre vie. Il en va ainsi à plus forte raison de Thérèse qui est, comme sa mère, une femme pratique, hostile aux illusions de la vie courante, mais qui refuse la vie rangée de serveuse dans un Bar-B-Q de la rue Mont-Royal, optant sans réserve pour l'excitante vie nocturne des bars de la *Main*. Le refus du rêve détruit Albertine, mais le rêve lui-même, comme le montre l'exemple de Thérèse (ou, plus encore, celui de Marcel, l'autre enfant d'Albertine), peut devenir un facteur d'autodestruction sans égal.

Tout le monde est assoiffé d'évasion, mais certains seront plus que les autres les créatures du Rêve, auquel ils dédieront leur vie même. Tel est bien Marcel, que ses imaginations entraîneront jusque dans la folie. Tel est aussi Josaphat-le-Violon, frère bien-aimé de Victoire et grand-oncle de Marcel, qui reconduit dans le contexte urbain d'un quartier populaire des années 1940 la double tradition des conteurs canadiens d'autrefois et des violoneux. Drôle de violoneux, au fait, qui joue la « Méditation » de *Thaïs* après le *Reel du pendu*... Mais c'est avant tout l'âme espérante et rêvante du pays, l'imaginaire collectif enraciné dans le passé des défricheurs et des paysans, qui alimente son inspiration de musicien et de « poète ».

Vers la fin de *La Grosse Femme*, on peut s'étonner de l'importance accordée aux récits du vieil homme comme si, tout à coup, le roman déviait de sa trajectoire et que le conte prenait la place de la chronique. Un long segment est consacré à l'histoire de l'allumeur de lune, que Josaphat raconte au petit Marcel. Or ce conte, qui peut sembler fort « digressif » et qui n'a aucune pertinence du point de vue de l'action, est certainement très important, et même capital, du point de vue de la symbolique du livre. Tout comme la Grosse Femme qui est « à côté » et qui n'alimente nullement la dynamique romanesque immédiate, il représente le centre sur le plan des significations. Du reste, ce rapprochement, comme on le verra, n'a rien de fortuit. Si nous voulons pénétrer plus avant dans la problématique du roman, il convient de nous arrêter un moment à ce récit de Josaphat et d'examiner une première *construction* narrative inspirée par le rêve, et hautement représentative de l'imaginaire du livre (et de l'ensemble des Chroniques).

La mise au ciel de la lune

Le conte de Josaphat contient de nombreux éléments et débouche sur le motif traditionnel de la chasse-galerie. Son segment le plus original (p. 162 *et sq.*) concerne toutefois la mise en place (ou mise au ciel) de la lune. L'argument est le suivant.

Teddy Bear Brown, l'« Anglais » du village, a pour tâche d'allumer la lune, tous les soirs. Mais, fatigué de son métier, il s'embarque dans le canot de la chasse-galerie en compagnie de sept joyeux lurons ivres morts ou, selon l'expression du conteur, « paquetés aux as ». (Ces

circonstances ne seront connues qu'après les événements
suivants, qui illustrent l'essentiel du schème.) À cause de
la défection de Teddy Bear Brown, la lune reste prisonnière des flancs de la montagne, et il faudra l'intervention
de huit chevaux fantastiques[2] pour opérer, de peine et de
misère, sa délivrance :

> Y tiraient sur des chaînes pis y'avaient l'air de forcer
> comme j'avais jamais vu forcer des animaux dans ma vie !
> Comme si y'avaient tiré la chose la plus pésante du
> monde. [...] J'pouvais voir leurs blessures qui saignaient
> pis leurs yeux fous d'animaux fous qui comprennent pas
> pourquoi c'qu'on leu'fait mal ! Pis... au bout d'la darniére
> chaîne... une boule rouge est apparue. La lune ! Y
> tiraient la lune d'en arriére d'la montagne ! È-tait grosse,
> presque aussi grosse que la montagne, j'te dis, pis rouge !
> [...] Aussitôt qu'al'a été toute ronde au-dessus d'la mon-
> tagne, les chaînes ont cassé pis les huit chevaux se sont
> disparsés en courant. (p. 165)

La richesse fantasmatique du conte vient de l'association
de significations contraires (ou alliance d'idées, dans la
rhétorique traditionnelle). La lune est une présence
céleste, transcendante, que les différentes civilisations
associent volontiers à une divinité. Elle éclaire, rassure, et
elle est associée aux valeurs de fécondité. Une connotation maternelle lui est jointe. Dans le conte de Josaphat,
son absence plonge le narrateur, alors enfant, dans la
panique. Il doit affronter la nuit noire de la campagne
pour rentrer chez lui.

Or, cette présence céleste se présente comme étant
d'abord mêlée à la terre, à l'ici-bas dont elle est prisonnière. La lune n'est pas d'emblée le disque lumineux et
serein au centre du ciel, mais une sphère lourde, opaque,
une chose de feu et de sang, de chair aussi, qu'on doit
extraire des *flancs* de la montagne, tout comme un enfant

qu'on tire du sein maternel. Le mot *forcer*, d'ailleurs, appliqué aux chevaux, suggère aisément les forceps avec lesquels le médecin secourt une maternité difficile.

La lune, figure maternelle, est donc d'abord l'enfant qu'on arrache à la terre. Cet enfant est la « chose la plus pésante au monde », il est déjà ce comble de la matière qui caractérise la Mère (*mater* et *materia* sont des synonymes sur le plan symbolique) et que la Grosse Femme, celle qui n'est jamais nommée par son nom (avant *Un objet de beauté*, où elle s'appelle enfin Nana), va représenter au sein de la sphère humaine. La Lune qu'on installe au ciel si laborieusement, c'est la Mère souveraine, celle qui dispensera les bienfaits de la vie et du Rêve.

Or, quelques pages plus loin, à l'initiative de Josaphat, la Grosse Femme va se transporter sur le balcon — elle qui peut à peine bouger — en marchant d'elle-même, soutenue, escortée par toute la maisonnée, et cette action est comme le couronnement de tout le roman, fait la synthèse des actions particulières de cette journée qui est saluée d'emblée par les tricoteuses comme la première vraie journée de printemps (p. 13). Elle prendra place dehors, dans son fauteuil, réalisant un rêve que lui interdisait sa grossesse, et les six jeunes femmes enceintes de la rue Fabre viendront l'entourer comme si elle était leur mère — maternité et filialité ne font qu'un. Plus exactement, la filialité doit être pleinement assumée pour que la maternité advienne.

La Grosse Femme est donc l'équivalent de la Lune mère symbolique qui se dégage de la matière et prend sa place au ciel ; et, comme elle, elle est une référence essentielle. Chacun lui demande conseil, à cause de l'autorité que lui confèrent sa grande sagesse et sa bonté.

Au petit Marcel, en qui son grand-oncle voit son successeur dans l'ordre de la fantaisie émerveillante, Josaphat enjoint de « respecter la lune toute ta vie. Pas de chasse-galerie. Parce que la lune est la seule chose dans le monde dont tu peux être sûr » (p. 167). La lune représente seule, en ce monde, la stabilité et le secours — comme la mère pour le tout jeune enfant. La chasse-galerie est l'affaire du père, champion de l'aventure et de la fuite, de la rêverie désordonnée : danger ! Pour que le rêve soit vécu sans risque mortel, par exemple ce risque que représente la folie, il faut qu'il se confonde avec la figure bienfaisante des origines, la Lune pourvoyeuse de la nourriture essentielle, celle qui permet de traverser l'existence lamentable et qui procure « une raison de continuer » (p. 172). La fidélité à la lune que Josaphat prescrit à Marcel se confond, chez lui, avec la fidélité et le respect qu'il voue à Victoire, sa sœur aînée, qui a été une véritable mère pour lui et qu'il aime d'un amour passionné. Aimer, du reste, n'est-ce pas toujours aimer (en) la mère ? Réaliser son rêve, n'est-ce pas retrouver la présence originelle et comblante ?

Le schème symbolique par lequel on met la Lune à sa place, en plein ciel, par lequel la transcendance ne peut se manifester qu'avec le concours de *toute* l'immanence (peut-être bien parce que la transcendance, féminine, maternelle, est intimement immanence et non autorité venue d'en haut), est sans doute quelque chose de central dans l'œuvre romanesque de Tremblay. On le retrouve, nous le verrons, dans toutes les Chroniques, et d'abord dans *La Grosse Femme d'à côté est enceinte*, à l'échelle d'ensemble. On le décèle dans le mouvement qui régit les nombreuses intrigues particulières et qui aboutit à leur unification finale, sous l'égide de la Grosse Femme. En ce samedi 2 mai 1942, la plupart des membres de la famille de Victoire se dispersent, seuls ou par petits groupes, pour se retrouver par hasard, ou plutôt par une obscure fatalité, en fin d'après-midi, au parc Lafontaine et former dès lors « un étrange cortège » qui va regagner la maison de la rue Fabre. Or, à la tête de ce cortège marche Victoire, la vieille, traînant derrière elle tout son monde. C'est la mère qui dirige et qui fait l'unité de ces éléments fort disparates, et elle préfigure cette autre mère, la Grosse Femme, superlative celle-là puisqu'elle possède à la fois la maturité et la sagesse de la femme faite en même temps que la jeunesse de la femme enceinte, elle est l'immanence *et* la transcendance. Sa position centrale est illustrée par le chœur des femmes enceintes qui se constituera autour d'elle sur le balcon, pendant que Josaphat, retiré dans la maison, jouera « Le Reel d'la pleine lune d'été » (p. 186), actualisation musicale de la présence symbolique. Auparavant, la Grosse Femme se sera extraite de la maison qui, significativement, le long de son lent parcours, lui apparaît plus petite que le souvenir qu'elle en avait, « mais c'est peut-être moé qui a trop grossi… » (p. 184). Ne dirait-on pas la « grosse boule rouge » péniblement retirée des flancs de la montagne, dans le conte de Josaphat ?

Qui dit symbole dit aussi ambivalence, et cette dernière est précisément une preuve de la prééminence d'un motif dans l'ordre symbolique. La logique de l'inconscient n'est jamais univoque, nous disent Bachelard et ses disciples. La Lune, chez Tremblay, est maternelle et représente la stabilité et la profusion secourable, soit. Et en cela, la Grosse Femme lui correspond parfaitement. Cependant, avant de s'imposer comme recours bienfaisant, elle apparaît sous des traits anxiogènes. L'énorme boule de feu que tirent les chevaux emplit le jeune Josaphat (fictif) d'horreur sacrée. Et cette lune est rouge comme « la pleine lune du mois d'aoûtte qui est tellement épeurante, là… » (p. 165). Une fois en plein ciel, elle a l'air d'un « gros œil méchant », d'un « gros trou rouge » résultant d'un coup de canon tiré dans le ciel (*Ibid.*). La présence positive se constitue donc à partir du dysphorique ou du négatif qui prolongent l'épaisseur de ténèbres d'où le phénomène est issu. Toutefois, la peur que ce dernier inspire au jeune homme va diminuant, car il peut maintenant voir son chemin. Le négatif se convertira peu à peu en positif[3].

Ainsi la mère, pour le tout jeune enfant, est-elle l'ambivalence même : merveilleuse quand elle comble ses besoins, mais tout aussi monstrueuse (certains psychanalystes parlent de « monstre maternel »[4]) quand elle lui fait défaut par son absence ou par le manque de soins.

L'ambivalence symbolique est bien visible dans l'épisode du cortège sortant du parc Lafontaine. Il est mené par Victoire qui lui donne son unité et sa direction, mais qui ne peut rien contre l'isolement où se trouve pris chacun :

> Et ce qui rendait ce groupe plus bizarre encore, c'est que personne ne parlait, tous avaient l'air enfouis dans leurs pensées, presque ignorants de la présence des autres. Ils marchaient lentement, comme s'ils n'allaient nulle part, longeant la rue Fabre qui s'était complètement vidée pour les laisser passer. Ils auraient pu tout aussi bien revenir d'un mariage où ils se seraient trop amusés ou sortir d'un cataclysme qui les aurait laissés à peu près indemnes : la fatigue effaçait presque leurs traits, leur donnant un air de nulle part et de n'importe quand, procession sans but et sans signification dans une rue déserte qui sentait le souper. (p. 144)

Ne dirait-on pas une scène de Fellini, carnavalesque à souhait, revue et *ralentie* par Marguerite Duras ? Ce groupe connote à la fois le mariage et le deuil, à l'image de la « vieille femme toute cassée » qui le conduit et qui vient d'évoquer, au bénéfice d'Édouard, le moment où il a été conçu. C'est à la fin de sa vie, à l'orée de la *mort* qu'elle révèle à son fils les circonstances qui ont mené à sa *naissance*. Et ces circonstances ont tout de la farce puisqu'elles sont liées au naufrage de la gondole du parc, lors de son inauguration… La destruction de la gondole, qui prend feu (p. 138), débouche sur les ébats buissonniers de Victoire et de Télesphore, tout comme le passage du canot de la chasse-galerie, dont les huit occupants se rendent chez la grosse Minoune (p. 166), accompagne et parodie la mise au ciel de la Lune. Rêve et cauchemar, comme mariage et cataclysme, se touchent.

Quand Édouard, plusieurs romans plus loin, agonisera à la suite du coup de couteau fatal porté par le sinistre Tooth Pick, il verra venir vers lui un cortège et c'est sensiblement le même que celui du parc Lafontaine. Il s'agit d'un «groupe compact de silhouettes marchant presque au pas mais avec une lenteur désespérante, comme à regret»[5], et il est mené par la même Victoire, sa mère, «une vieille boiteuse tirant par la main un petit garçon trop sérieux» (p. 627). Marcel a donc, dans l'évocation délirante de la duchesse qui se meurt, le même âge que lors du premier cortège, les deux époques sont télescopées. La mère mène le groupe, et dans l'un des cas, elle accueille Édouard dans la mort. Dans l'autre cas, le cortège nous conduit, avec une lenteur de rêve (ou de cauchemar), vers la maison et le souper, la fête, le modeste et pourtant fastueux repas du soir où tout le monde est accueilli, même les deux prostituées qu'Albertine refuse de servir. Significativement, c'est Victoire, la boiteuse, qui sert tout le monde et qui appose le sceau de la grâce maternelle sur la réception qui devient une cérémonie, une cène. Lorsque Édouard, étourdiment, se moque de l'infirmité de Victoire, Josaphat-le-Violon le gifle et dit : «Des fois j'te trouve drôle, gros sans dessein, mais ris jamais de ta mére devant moé!» (p. 158). Pour Josaphat, qui aime sa sœur aînée à la fois comme une mère et comme une amante, la mère — telle la Lune — doit inspirer un absolu respect.

Les éléments du cortège, fort hétéroclites et tous accaparés par leurs pensées, sont comme reflétés et transformés, rédimés par la figure maternelle qui les précède, à la fois immanente comme eux et transcendante puisqu'elle a autorité sur eux. La même structure se manifeste dans la mise au ciel de la Lune, qui est d'abord chose de la terre comme ces chevaux lourds et geignants qui la délivrent, puis qui devient légère, lumineuse et souveraine. Et la Grosse Femme sur son balcon, à la fin du roman, chantant et faisant chanter « Le Temps des cerises » au chœur des jeunes femmes enceintes qui l'entoure, tire chacune d'elles, et se tire elle-même, de la cage à laquelle la condamne l'existence. « Ça me rappelle chez nous ! J'ai pus l'impression d'être en cage ! » (p. 185) s'écrie même la très névrosée Marie-Louise Brassard[6].

La mauvaise Lune, ou le reposoir

Le deuxième tome des Chroniques reprend le symbolisme de la lune assimilée à l'autorité et à la position centrale dans le monde, mais il s'agit cette fois de sa version négative et, pour ainsi dire, nocturne. La Lune est représentée par une femme au nom fort plaisant, mais trompeur : mère Benoîte des Anges, directrice de l'école des Saints-Anges. Cette religieuse despotique et perfide, qui ne recherche que l'exercice du pouvoir pour lui-même, fait régner la terreur dans l'école et dans la petite communauté placée sous ses ordres. Elle incarne la forme la plus grinçante de la maternité —elle porte d'ailleurs le titre de « mère » —, la maternité stérile, négatrice non seulement des valeurs de fécondité, mais aussi de toute chaleur humaine, de toute bonté. Par son refus intime, charnel de la vie, elle est en harmonie avec la paradoxale figure de l'Immaculée Conception, c'est-à-dire de la Vierge conçue sans péché, qui est précisément honorée à l'occasion de la Fête-Dieu par le clergé de la paroisse, en lieu et place du « Corpus Christi » (p. 388). C'est en raison d'une perversion bien digne du Québec traditionnel que l'Immaculée Conception occupe ainsi le centre, et que cette mère, qui devrait être une fontaine de vie, est un symbole de virginité, donc de stérilité.

Sur le plan thématique, *La Grosse Femme* et *Thérèse et Pierrette* présentent donc un contraste. Le premier roman est placé sous l'égide d'une femme maternelle à souhait, douce bien que capable de décisions énergiques, accueillante, dotée d'un grand jugement, une femme intelligente et sage, et son rayonnement symbolique est comme garanti par l'absence de nom : elle est « la grosse femme », sans plus. Enceinte, du reste, elle vit principalement par son corps et par l'attente de l'enfant à venir, est comme absorbée par le travail de la gestation qui se fait en elle. Le roman suivant a pour centre symbolique une femme dont le nom coïncide en partie avec celui de l'école (« Anges »), ce qui fait d'elle d'emblée une institution plutôt qu'un être humain. Mère Benoîte des Anges a sous sa responsabilité un grand nombre de religieuses (les « sœurs » forment une famille toute féminine, aux intrigues nombreuses, qui n'est pas sans rappeler les célèbres « belles-sœurs » du grand succès dramatique de Tremblay) et de fillettes, mais elle n'éprouve pour elles aucune affection, aucun sentiment sinon une sourde crainte qu'elle combat par la colère. Elle est une anti-mère, à vrai dire, et qui fait planer sur l'école et sur le reposoir, dont elle a la charge, une influence néfaste.

C'est dire que la procession qui clôture *Thérèse et Pierrette* sera, à maints égards, le contre-pied de la réunion spontanée et conviviale qui terminait *La Grosse Femme.* D'une part, l'hymne à la vie, à la fécondité, à la tendresse (« Le Temps des cerises »), l'angoisse surmontée par la communication et par la confiance, l'influence apaisante de la Lune et de la mère (la Grosse Femme). D'autre part, la fête ratée (comme l'inauguration, par les notables, de la gondole du parc Lafontaine), la déroute, le courroux du ciel qui déverse les flots de l'orage sur la tête des fidèles, l'hommage dérisoire à l'Immaculée Conception… L'un des rares aspects qui rappellent positivement la conclusion du roman précédent consiste dans la réunion, sur le perron des tricoteuses, d'un petit groupe aimable, à l'esprit fort critique, qui détourne la tête au passage du saint sacrement (p. 389-390). Il réunit notamment Josaphat et Victoire (en jaquette) — Victoire qui accepte enfin l'amour de son frère et qui l'enlace tendrement, retrouvant avec lui l'attitude maternelle d'autrefois. Florence (la tricoteuse) avec ses filles, Victoire avec Josaphat — qui se prolonge en Marcel —, voilà, en deux occurrences, l'envers de la Lune méchante que personnifie mère Benoîte des Anges. Deux mères bonnes. Sans doute ne s'agit-il pas ici d'un chœur de femmes enceintes, mais ce sont les valeurs de vie qui triomphent dans la disposition pour le rêve de tous ces personnages, plus ou moins *réels*. Le rêve — non la religion, qui est mascarade — est le vrai lait dont se nourrissent les humains.

Le reposoir, qui doit mettre en vedette Dieu (ou sa version fraternelle, le Christ) et qui lui substitue la Vierge (la Mère stérile), est un spectacle à grand déploiement, qui suppose une longue préparation. On *monte* un dispositif, qui tient de l'installation et du tableau vivant. Le reposoir comporte tout un ensemble d'objets et, plus encore, une *scène* où prendront place de nombreux figurants. Il doit accueillir, au terme d'une procession, l'ostensoir contenant les saintes Espèces. On discerne donc une composante statique, le reposoir lui-même, centré sur la figure de l'Immaculée Conception, et une composante dynamique, la procession, qui promène le Dieu attendu. Ces deux composantes rappellent, dans le conte de Josaphat, l'installation de la Lune au ciel, d'une part, et la chasse-galerie par laquelle ces messieurs vont sacrifier à des divinités très païennes, d'autre part. La Lune de Josaphat est bonne, celle du reposoir est stérile, négative; en revanche, le démon paillard de la chasse-galerie s'oppose au Dieu-Christ de la procession. Le chiasme est parfait, et confirme l'inversion des valeurs thématiques entre les deux romans.

L'installation de la Lune au ciel, dans le conte de Josaphat, a toutefois son répondant à la fin de *Thérèse et Pierrette*. En effet, Simone, dite Bec-de-Lièvre, doit incarner un petit ange survolant la scène où Bernadette Soubirous est en prière au pied de la Vierge, et ce n'est pas une mince affaire de régler ce détail du spectacle. D'abord, Simone doit convaincre ses parents, méfiants à juste titre, de lui laisser jouer le rôle qui la mettra enfin en vedette, elle qui, jusqu'à son opération récente, s'employait à cacher son infirmité. Et le soir de la Fête-Dieu, Simone combat la nausée après avoir dévoré sa première orange. Elle se remet tout juste à temps pour se soumettre, plus morte que vive, à l'opération qui consiste à la hisser par des cordes.

> Simone s'éleva dans les airs dans le silence le plus total. Même madame Duquette s'était tue et s'épongeait la figure […]. Au moment où Simone s'immobilisait en plein centre de la rosace de l'école des Saints-Anges, sœur Saint-Georges […] alluma les lumières du vestiaire et l'ange suspendu fut baigné de rouge et de bleu, découpé dans le vitrail comme un petit saint vivant, délicate silhouette flottant au-dessus de l'autel comme pour le protéger. (p. 379)

Simone, certes, n'est pas la grosse boule rouge et « pésante » qui s'accordait si bien, symboliquement, avec la Grosse Femme enceinte. Malgré sa candeur d'enfant, elle incarne pourtant, de façon détournée, une valeur maternelle, mais négative. Ange, elle est complice, sans le savoir, de cette Lune méchante qu'est mère Benoîte des Anges. Lune, elle l'est en s'incrustant dans la rosace de l'école des Saints-Anges[7]. Et elle flotte au-dessus de l'autel « comme pour le protéger », ce qui est l'une des attributions les plus constantes de la mère chez Tremblay. Plus « petit saint » que mère, toutefois, Simone, qui deviendra plus tard lesbienne et se vêtira en garçon, ne peut longtemps occuper sa position prestigieuse, et l'orage la contraindra à un brutal retour sur le plancher des vaches. « Le prix à payer était trop élevé et Simone décida qu'elle ne voulait plus être belle » (p. 392). Il est trop difficile d'assumer la place de la Lune, surtout dans une perspective où les contrefaçons « angéliques » ne permettent pas vraiment d'y parvenir.

La construction du reposoir, plus précisément de la scène où les figurants prendront place pour glorifier la Mère anémique qu'est l'Immaculée Conception, s'effectue selon des modalités qui rappellent le symbolisme de la mise au ciel de la Lune. En effet, le reposoir se présente d'abord sous l'aspect d'un amas on ne peut plus hétéroclite d'objets, entreposés sans aucun soin dans un hangar. Ces objets sont exposés aux agressions de l'humidité et aux outrages de la poussière. Il faut d'abord les extraire un par un de ce lieu chthonien, équivalent des flancs de la montagne où la lune est retenue prisonnière. Pour les déplacer, les religieuses font appel à un jeune homme. Il s'agit, fort significativement, de ce Gérard Bleau qui brûle, pour la petite Thérèse, d'une passion aussi perverse que tragique. C'est donc le satyre qui opère la translation des éléments du reposoir depuis les lieux d'ombre jusqu'au plein jour, et là, ils sont pris en charge par les enfants, nettoyés, badigeonnés, soumis à un traitement de surface qui masque leur décrépitude, ce qui n'est pas sans rappeler la métaphore évangélique du sépulcre blanchi. Tout se passe comme si, nettoyés et rendus bien *propres* en apparence (la propreté est une autre valeur bien québécoise, en harmonie avec la figure de l'*Immaculée* Conception), les objets — statues, pilastres, piédestaux — perdaient leur pesanteur (on se souvient de la lune qui était la « chose la plus pésante du monde ») puisqu'il n'est plus question de les faire transporter par un homme. C'est le poids de l'ombre et du secret qui requiert l'intervention masculine, comme celle des huit chevaux fantastiques était nécessaire pour extraire la lune des flancs de la montagne. Une fois dans le ciel, les chaînes cassent et la lune s'élève toute seule, comme la Grosse Femme qui se transporte par ses propres forces sur le balcon. Le passage du dedans au dehors, de l'univers de l'immanence à la position de transcendance, est véritablement un accouchement, paradoxal puisque c'est la Mère qui est mise au monde.

Agent des ténèbres, Gérard Bleau aide à l'accouchement de cette mauvaise Lune qu'est le reposoir, contrefaçon de la transcendance sous les dehors bénins, « benoits » d'une religion castratrice. Tout le reposoir est une imposture. Les rares observateurs lucides, notamment le docteur Sansregret et l'impayable Ti-Lou, voient en lui « quelque chose de profondément païen [...] qui donnait pourtant à cette fête très religieuse un petit arrière-goût d'orgie latente ou de vente d'enfants maquillés » (p. 221). Prostitution et pédophilie s'y nouent, formant un sombre paysage qui est comme l'arrière-plan des amours entre Gérard Bleau et Thérèse. Telle est la face d'ombre de l'épiphanie maternelle. Mettre au sommet la Mère, faire d'elle la divinité, c'est se constituer devant elle à jamais comme l'enfant violé et infiniment démuni. On reconnaît là la position du peuple devant la sainte Église catholique, que matérialisent ici les clinquantes splendeurs du reposoir. C'est aussi la position de Gérard devant cette fillette qui, loin d'être sa victime, est plutôt son agresseur. Souvenons-nous de la scène de séduction du parc Lafontaine, dans *La Grosse Femme* : Thérèse se perçoit elle-même comme la « grosse araignée noire avec des pattes pleines de poil puis des ciseaux à'place d'la bouche » qui se jette sur « une belle grosse mouche » captive dans sa toile (p. 107), mère à la fois phallique et castratrice, qui réduit l'homme à la condition de proie impuissante ou de jouet docile[8]. La femme-enfant règne absolument sur l'homme-adulte, s'impose comme Mère dotée des immenses pouvoirs que confère l'imaginaire et qui surpassent infiniment ceux de la réalité.

Le reposoir est donc la mise au ciel de la Lune, mais de la mauvaise Lune, associée ici au surnaturel chrétien et, plutôt qu'au Rêve véritable, au cauchemar — celui contre lequel doit se débattre, avec un énorme courage, la sympathique maîtresse de sixième année A, sœur Sainte-Catherine. Le surnaturel païen, représenté par les tricoteuses, est synonyme des valeurs de vie, de fertilité (artistique), de beauté, d'invention. Les Moires païennes, significativement, incarnent les valeurs traditionnellement revendiquées par la religion chrétienne (les tricoteuses sont d'ailleurs qualifiées de gardiennes de la famille de Victoire [p. 120] et rappellent les anges gardiens) tandis que la religion catholique, avec une parfaite inconscience, exalte l'orgie, qui est païenne.

Le chrétien qui est païen, le païen qui est chrétien... Ces beaux paradoxes qui électrisent la donne romanesque de *Thérèse et Pierrette à l'école des Saints-Anges* se retrouvent dans un autre objet symboliquement complexe, au troisième tome des Chroniques cette fois : le sapin de Noël. Mais on quitte les terres de Josaphat pour celles d'Édouard.

▶ **NOTES**

1   Le présent chapitre et les deux suivants reprennent et développent une étude intitulée « D'une Lune l'autre ou les Avatars du Rêve », parue dans *Le Monde de Michel Tremblay*, ouvrage collectif sous la direction de Gilbert David et Pierre Lavoie, Montréal et Carnières (Belgique), Cahiers de théâtre Jeu / Éditions Lansman, 1993, p. 261-273.

2   Pourquoi huit ? Peut-être parce que ces créatures fantasmagoriques doivent prendre la relève de l'allumeur de lune qui a déserté en compagnie de sept compagnons de beuverie… Par ailleurs, les huit chevaux connotent une rose des vents complète (avec les points intermédiaires : NE, NO, SE, SO), la dispersion finale les rendant à leur direction naturelle.

3   Michel Tremblay a lui-même confié à plusieurs reprises sa fascination pour la lune. Dans le portrait qu'un journaliste trace de lui, on lit : « Les soirs de pleine lune, surtout en août, il devient fou. Il dort mal, ne digère plus et fait les cent pas. Il marche sous la lueur de la lune, à la poursuite d'une ombre ronde et charnue qui ressemble comme deux gouttes d'eau à celle de sa mère. Tremblay est convaincu que cet astre l'influence… » (Christian Rioux, *L'Actualité*, 15 mai 1992, p. 110).

4   Julien Bigras, « Le monstre maternel » dans *le Psychanalyste nu*, Paris, Robert Laffont, 1979, p. 109-120.

5   Signalons aussi ce « bien étrange cortège » qui se forme après le spectacle du National où triomphe la Poune. Les comédiens et une partie du public se rendent finir la soirée au Palace, et l'épaisse couche de neige tombée au cours de la soirée ralentit leur marche et crée une ambiance lunaire (p. 437-438).

6   Parmi les personnages importants des Chroniques, celui qui a le plus de difficulté à sortir de sa prison est, sans contredit, Albertine, que la Grosse Femme qualifie de « coffre-fort ambulant » (p. 844). Voici comment l'auteur parle d'elle, dans ses confidences à Luc Boulanger : « La première image que j'ai vue d'Albertine — avant d'écrire [*Albertine en cinq temps*] —, c'est celle d'une femme prisonnière d'une cage, ligotée sur une chaise dans une camisole de force, dont la porte est toutefois ouverte ! (*Pièces à conviction*, p. 110) » La construction relâchée de la phrase produit une intéressante confusion entre la cage (contrainte extérieure) et la camisole (contrainte beaucoup plus immédiate).

7   Elle l'est aussi par l'orange, ce merveilleux fruit lunaire, qu'elle a consommée et qui est ambivalente : elle donne le mal de cœur. Quelqu'un — émérite lecteur — me suggère que l'orange appelle, d'un point de vue à la fois thématique et paragrammatique, cet *orage* qui viendra tout bousculer.

8 Édouard est aussi le jouet de Victoire, sa mère : « [...] à trente-cinq ans passés, il commençait seulement à réaliser qu'il n'était qu'un poisson argenté, qu'un frétillant objet chatoyant dans l'aquarium de Victoire » (p. 127).

CHAPITRE QUATRE

Les constructions du Rêve, II
Autour d'Édouard

L a *Duchesse et le roturier* reflète bien les goûts de son
auteur, Michel Tremblay, en ce que ce roman est
consacré au spectacle sous toutes ses formes : théâtre,
chanson, cinéma ; et ces goûts sont aussi ceux d'Édouard,
qui vit littéralement sous l'empire du spectacle et qui
décide finalement de se donner en spectacle à lui-même
et aux autres, en se travestissant. Nous y viendrons
bientôt.

L'arbre de Noël

En marge de ce tourbillon d'activités diverses et en relation avec l'espace intime de la maison (et non celui,
public, du showbiz), un objet, présenté dans l'Interca-
laire II qui clôt la deuxième partie, allie admirablement le
merveilleux païen et le merveilleux chrétien. Il s'agit de
l'arbre de Noël, œuvre collective à laquelle ont collaboré
les adultes et les enfants, et qui assure pendant quelques
jours la présence, auprès de tous, du Rêve dans ses modalités les plus proches de l'esprit d'enfance. Il est significatif que ce soit devant cet arbre, qui rappelle peut-être
l'Éden par ses connotations d'innocence et de bonheur
ainsi que l'arbre de la science du Bien et du Mal qui s'y
dressait, que Victoire se place pour chasser Édouard de la

maison. Édouard est dès lors exclu du paradis de son enfance, que l'arbre incarne dans une profusion de formes et de couleurs magiques. Il est surtout chassé de la présence maternelle qui a tant compté pour lui depuis toujours, lui qui évolue « autour d'elle comme un satellite dépendant[1], soumis à des lois qui ne sont pas les siennes » (p. 128). Cette mère épuisante se manifeste ici sous les traits d'une vieille femme à la fois diminuée et solennelle, fragile et toute-puissante. Elle baigne « dans un éclairage doux qui lui colore les cheveux de teintes étonnantes » (p. 555), femme lunaire et, en même temps, archange terrible sur l'épaule de qui viennent se poser « les deux beaux grands anges de carton » miraculeusement détachés du sommet de l'arbre.

Le sapin multicolore, comme le reposoir, a nécessité tout un travail d'installation. Sœur Sainte-Catherine, dans *Thérèse et Pierrette*, avait surveillé les préparatifs de la Fête-Dieu et cela l'inscrivait, malgré la symbolique frelatée de l'événement, dans la succession de Josaphat l'allumeur de lune (*La Grosse Femme*). Ici c'est la Grosse Femme, dont on connaît les dispositions pour la rêverie, qui prend en charge la décoration de l'arbre de Noël. Les étapes rappellent beaucoup, à une échelle bien plus modeste, l'édification du reposoir. D'ailleurs, encore une fois, il s'agit d'une fête religieuse ; toutefois, celle de Noël accueille plus naturellement l'inspiration païenne, de sorte que le merveilleux sera authentiquement imprégné des valeurs de vie.

De même que toutes les élèves de sixième année participaient aux préparatifs du reposoir, et que pas moins de huit chevaux fantastiques avaient travaillé à extraire la Lune des flancs de la montagne, toute la maisonnée de la rue Fabre (sauf Édouard, qui ne moisit pas à domicile) participe à la décoration du sapin. Il faut d'abord procéder à « l'époussetage de cet amoncellement hétéroclite de bébelles de toutes sortes » (p. 546), qui rappelle l'exhumation, par Gérard Bleau, des composantes du reposoir. À l'origine, le chaos — ou, de façon plus concrète, le bric-à-brac. Ténèbres et chaos, sans compter la saleté, forment l'état premier des choses, et ils sont en harmonie avec les relations qui prévalent « entre les membres de cette famille emberlificotée pour qui la chicane sinon franchement le drame était au menu quotidien » (p. 545).

Une fois les nombreux éléments de décoration nettoyés, classés, dans une atmosphère de trêve, d'allégement des cœurs, d'aération des esprits, on passe à l'accrochage des guirlandes lumineuses puis des boules, babioles, glaçons et autres parures. Un « objet de beauté », peut-on dire, prend forme. Vient aussi la crèche, qui marie les styles les plus divers : un village québécois sous la neige, les santons de Provence, le désert palestinien... Cette installation, fort carnavalesque par le mélange des genres mais dénuée de grotesque, est une sorte d'hymne populaire à la vie, à la naissance (Noël, bien entendu, c'est la Nativité), à l'enfance, mais sans doute aussi à la Mère. Ce n'est pas un hasard si la direction des opérations revient à la Grosse Femme. L'arbre de Noël exprime essentiellement son goût impérieux du merveilleux et son sens des conciliations. Il est d'ailleurs révélateur que la cime trop élevée qu'on a dû couper, avec ses « rameaux flexibles et délicats qui se terminaient en étoile aux aiguilles fines », aille décorer la chambre de la Grosse Femme, suspendue « au-dessus de sa porte, avec une belle boule rouge pour tout ornement » (*Ibid.*). La cime est une sorte d'étoile, cette étoile se double d'une boule rouge qui est une Lune, et telle est bien la Grosse Femme, dont l'influence apaisante est relayée par l'« odeur piquante » de l'arbre qui pacifie tout le monde, même la terrible Albertine.

À l'édification communautaire de l'arbre de Noël correspond symétriquement le bannissement d'Édouard, qui inaugure l'effritement de la famille (le départ pour la guerre de Paul, mari d'Albertine, loin d'affaiblir la

structure familiale, l'avait plutôt renforcée). L'arbre res-
plendissant, symbole d'élévation affective et morale, place
cette autre Mère qu'est Victoire dans une position de
domination d'où elle prononce les paroles d'exclusion.
Le rapport qui s'établit ici entre Édouard et sa mère a
quelque chose de grandiose et de tragique : « Il ne l'aima
jamais plus qu'à ce moment où elle le bannissait, peut-
être à tout jamais, inaccessible sur son fond de lumière
[…] » (p. 555). Elle est l'autorité et la lumière, il est
l'enfant devenu paria. La Lune, qui est bonne, peut aussi
se montrer intraitable. Victoire, devant son fils qui
n'arrive pas à se prendre en main, est la belle vieille illuminée sous le sapin, mais elle gesticule et vocifère,
« double vision superposée sur elle-même, d'une grande
absurdité, mais superbe » (*Ibid.*).

Victoire et Édouard actualisent ainsi le couple fondamental, archaïque, de la Mère et de l'Enfant : ce dernier
est rejeté, cruellement poussé hors du nid par celle qui ne
veut que son bien. Tout le drame découle sans doute de ce
que, dans l'univers de Tremblay, aucune influence paternelle ne vient médiatiser la relation avec la mère.

Le même tome des Chroniques, je l'ai mentionné,
présente toute une gamme de spectacles représentatifs
de la vie artistique de Montréal, vers la fin des années
1950. L'analyse permettra de déceler en chacun la forme
articulée de Rêve qu'il permet. Comme Josaphat avec son
violon, les divers artisans de la scène sont chacun — parfois
de façon détournée, ou par antiphrase — des allumeurs
de Lune.

Les spectacles, de Samarcette à Tino Rossi

La première « bête de scène », à vrai dire peu impressionnante, qui s'exhibe est Serge Morissette, alias Samarcette,
l'amant d'Édouard.

Samarcette

Il exécute un numéro de variétés au Théâtre National. Sa prestation acrobatique se termine par du patinage à roulettes sur une petite table carrée, piètre exploit qui lui attire immanquablement des quolibets (p. 405). Samarcette est un hors-d'œuvre, une bouchée qu'on avale en riant avant que le vrai spectacle commence. Le costume de scène du brave amuseur («un pantalon de gabardine fraise écrasée, une chemise de satin rouge vif agrémentée de paillettes roses et blanches») est sans doute, en lui, ce qui évoque le mieux la Lune — mais sous la forme préliminaire de grosse boule rouge et «pésante» qui ne s'est pas encore élancée vers les hauteurs du ciel. À vrai dire, Samarcette s'illustre plutôt en coulisse, où il vient en aide à tous : «En scène Samarcette était une catastrophe ; en coulisse c'était une fée précieuse et efficace que tout le monde s'arrachait» (p. 406). On peut donc l'associer plus volontiers aux chevaux fantastiques qui libèrent la lune, ou à ce Gérard Bleau qui exhume les éléments du reposoir. Il joue le même rôle d'adjuvant — et de marchepied — dans la vie d'Édouard (ou encore, auprès de la chanteuse Mercedes, sur le plan professionnel).

Le show du National, ou le triomphe de la Poune

Le deuxième spectacle, si l'on néglige le film mélodramatique français qui sert de lever de rideau, sera, en cette soirée de 1947, tout à fait exceptionnel, mais à cause, précisément, d'une série de catastrophes qui se résoudront paradoxalement en un moment de grâce unique.

Les malheurs commencent avec la découverte de Tit-homme Belhumeur, le régisseur, ivre mort dans son coin après dix ans d'abstinence, et incapable d'assumer ses fonctions, notamment celle d'éclairagiste. Il n'en faut pas plus pour plonger la troupe, Rose Ouellette en tête, dans un « brouhaha […] mémorable » (p. 413). Le brouhaha est l'équivalent, sur les plans cinétique et sonore, du bric-à-brac à partir duquel Gérard Bleau, dirigé par sœur Sainte-Catherine, devait amorcer la transformation de l'enfer (chaos d'objets) en paradis (reposoir). Du point de vue symbolique, tout se passe comme si l'allumeur de lune faisait défection — dans le conte de Josaphat, on s'en souvient, c'est Teddy Bear Brown, titulaire de la fonction, qui manque à son devoir quotidien en prenant place dans le canot de la chasse-galerie, d'où la pénible intervention des chevaux pour mettre la Lune au ciel (p. 166-167)[2].

Celui qui prend la place du régisseur et s'improvise allumeur de lune (plus précisément, de lunes, et il en allumera de toutes les couleurs !), c'est Édouard, qui est fort désireux de s'intégrer à la troupe et de devenir « star » (ou Lune) à son tour. Sa tâche est d'abord de refroidir les ardeurs fulminantes de la Poune (Rose Ouellette) et des autres. Son intervention est fort mal reçue, mais, sur fond de situation désespérée, il réussit à obtenir le feu vert. Il convainc d'abord la chanteuse Sylvie Heppel, présente dans la salle, d'interpréter quelques chansons, ce qui ne va pas sans problèmes. Le public du Théâtre National, peu friand de musique « semi-classique » (p. 420), réserve à l'invitée un chahut que la Poune, avec son extraordinaire autorité, réussit à mater ; à la suite de quoi, en chantant « J'attendrai » qui est le grand succès de Tino Rossi, Sylvie Heppel s'attire rien de moins qu'une « apothéose » (p. 421). Du tumulte au triomphe, le chemin est le même qui conduit la Lune de l'opacité des flancs de la montagne à sa lumineuse effusion dans le ciel.

Commence le spectacle proprement dit, qui comporte une gradation : nombreux numéros faisant appel à des genres divers, sketches, tours de chant, chorégraphies et, finalement, une « revue », *Est-ce bien votre fille, madame ?*, elle aussi très composite, avec une prédominance de comédie. Les erreurs, bévues, contre-performances, dues à l'inexpérience d'Édouard, s'accumulent sans que, heureusement, le public ne prenne conscience de la situation, attribuant les effets de comique à une intention de burlesque. À la fin, toutefois, lorsque la grande vedette, Juliette Petrie, se retrouve dans une humiliante posture au sommet d'un escalier dont les deux parties commencent à s'ouvrir, on comprend « trop tard que la soirée n'avait pas du tout été drôle » (p. 430). Elle ne l'avait été ni pour Mercedes, « ancienne guidoune et vedette montante » (p. 426), curieusement victime de l'absence d'erreurs d'Édouard — le public s'ennuie des éclairages farfelus —, ni pour Samarcette qui s'attire pourtant un triomphe en se cassant la figure, ni surtout pour Juliette Petrie, « idole […] déboulonnée, ridiculisée, maintenue dans la position la plus humiliante qui soit » (p. 429) au sommet de son escalier chambranlant. Juliette Petrie, voilà bien la Lune déchue, elle qui est le « point d'attraction, l'épicentre du Plateau » et qui doit apparaître « debout, resplendissante dans sa robe de lamé, souriante et belle à faire damner » (*Ibid.*). Tout se passe donc comme si, au lieu de réussir son ascension au zénith, l'astre restait soumis à l'attraction de la ténébreuse montagne et que les chevaux n'arrivaient pas à le libérer. Édouard, en cela, se révèle le mauvais allumeur de lune.

C'est alors qu'un miracle se produit. La Poune, « voyant la catastrophe venir » (p. 430), trouve le moyen de retourner la situation comme un gant et de changer l'échec en triomphe,

> improvisant ce qui fut peut-être le numéro le plus drôle de sa longue carrière : elle mima, chacun son tour et avec un souci du détail assez étonnant, tous les numéros manqués de la soirée, devenant tour à tour Samarcette se cognant contre les chandeliers, puis Mercedes en gitane, les danseurs affolés et enfin madame Petrie à genoux en

haut de son escalier et chaque fois, d'une nouvelle façon et avec un punch inédit, elle glissait sur la pelure de banane, atterrissant sur les fesses, sur les genoux, sur le côté et même, parce qu'elle avait mal calculé son coup (mais personne ne le sut jamais), sur la tête au moment où elle réussit à résumer toute la soirée en se mimant elle-même se glissant hors de scène et revenant avec la banane. Triomphe est peut-être un mot faible ; apothéose serait plus de mise. (p. 430)

Dans ce passage remarquable, on observe la transformation de l'échec multiple, des invraisemblables ratages, en une réussite unique due à la maîtrise, à la fois sur le plan physique et sur le plan spirituel, de tous les aspects du spectacle, et une apologie implicite de la dimension réflexive, le spectacle se réfléchissant lui-même et la Poune devenant son propre miroir. De la même façon, la Lune dans le ciel est le résumé et l'intégration de tous les espaces qu'elle a traversés (elle est d'abord l'enfant extrait des flancs de la montagne avant d'être la mère), et c'est en cela qu'elle est le centre du monde. La Poune reprend et condense tous les éléments de sa troupe et s'affiche comme l'âme même du Théâtre National, l'âme du rire et la petite Mère de chacun — comédiens aussi bien que spectateurs —, à qui l'on doit respect et obéissance : « [...] on acclama Rose Ouellette durant de longues minutes en riant, en pleurant, debout (même sur les sièges), reconnaissant, éperdu de joie et fier » (p. 430-431).

Mercedes

Mercedes, qui avait été victime des circonstances pendant le spectacle, surtout dans son numéro de (piètre) danseuse gitane, est ensuite la vedette du Palace, la boîte modeste où se retrouvent les « deux grandes stars du

Théâtre National », la Poune et Juliette Petrie, après leur fameuse soirée. Et c'est alors que la Poune découvre les qualités de l'artiste qu'elle avait engagée sans s'arrêter vraiment à l'écouter. Son émotion et son admiration, que manifestent des larmes généreuses, amènent le public coutumier du Palace à porter lui aussi attention au grand talent de l'ancienne prostituée de la rue Fabre. Très curieusement, ce moment de vérité est décrit en termes on ne peut plus négatifs : « La consternation était totale » (p. 456). Et le propriétaire, Clo-Clo, s'inquiète aussitôt du mauvais effet de tant de talent sur les ventes d'alcool et la circulation des guidounes. Dans *Sainte Carmen de la Main*, on verra également Maurice reprocher à sa chanteuse étoile de se hausser au-dessus de sa fonction qui consiste à enfoncer le client dans son hébétude, ce qui est excellent pour le commerce, plutôt que de l'aider à prendre conscience de sa situation. Le talent, surtout dans le registre sérieux, est dangereux, il dérange.

On constate donc que n'est pas *lune* qui veut, et que des obstacles extérieurs peuvent intervenir pour empêcher l'« apothéose ». La prestation de Mercedes, de si bonne qualité soit-elle, connote moins l'éclat de la réussite que l'exténuation : « Sur la scène, la grande flamme de satin vert achevait de se consumer » (p. 457). Alors que, au Théâtre National, la Poune a réussi à créer l'unité d'un public familier et indiscipliné, « hystérique » (p. 412), et à tout fondre en une seule passion éperdument admirative saluant son étoile (sa petite Lune espiègle et prodigieuse au « caluron » de feutre), Mercedes a tout à craindre d'une telle illustration de soi-même qui ferait taire son public inattentif, le remuant « poulailler » des invertis au milieu duquel trône Édouard, flanqué de ses partisans et de ses ennemis, et le reste de la « gueuserie du Plateau Mont-Royal » qui fréquente le Palace (p. 445). C'est que le spectacle compte pour une part, seulement, des affaires brassées par Clo-Clo Baillargeon, et la moins importante.

Le « cul » l'emporte de loin sur l'autre, et interdit rigoureusement les manifestations de transcendance.

Survient alors une scène importante où Édouard
implore Juliette Petrie de le laisser monter sur la scène du
Théâtre National et présenter un numéro comique. Il
veut être Lune à son tour, sur le mode parodique puisqu'il
se travestirait et imiterait les grandes stars, de Mae West à
Danielle Darrieux. Ce projet, significativement, Édouard
l'expose peu après l'extraordinaire triomphe de la Poune,
qui s'est illustrée plus que jamais précisément par ses
géniales imitations de son entourage professionnel. Le
clou de son spectacle, explique naïvement le gros homme,
serait l'imitation de Juliette Petrie elle-même — laquelle
pousse, évidemment, les hauts cris. Édouard, qui a été
quelques moments plus tôt le responsable (involontaire)
de l'humiliation de l'artiste au sommet de son escalier, qui
a rendu impossible son triomphe (accession à la transcendance *lunaire*), propose maintenant à l'idole de se voir
caricaturer, et encore, par un travesti. La réponse est
nette : « Chus une star ; j'arrive à la fin du show dans une
belle robe, j'chante une belle chanson, j'fais quequ'p'tits
pas de danse… Pis j'fais tout ça sérieusement, *profession-
nellement* pis j'veux pas qu'on en rie ! (p. 459) » Petit rappel
d'un thème connu : « J'espère que […] tu vas respecter la
lune toute ta vie. Pas de chasse-galerie » (p. 167), disait
Josaphat-le-Violon à Marcel. Édouard, en parodiant ses
idoles, s'attaque, à travers elles qu'il adore et que, incons-
ciemment, il déteste peut-être, à la femme de sa vie,
c'est-à-dire sa mère[3], et pratique par là la chasse-galerie,
manque à son devoir d'allumer la lune — en l'occurrence,
de contribuer au succès de l'Autre, plutôt que de se mettre
en valeur lui-même. Parodier Juliette Petrie, c'est débou-
lonner l'idole, et du reste, ce n'est même pas vraiment
s'illustrer soi-même. Édouard ne peut espérer connaître
sur scène la consécration, le salut. Nous verrons plus loin
quel compromis lui permettra de se tirer d'affaire.

Marcel chez le marchand de musique

Édouard, qui a « quarante ans passés » (p. 459), fait figure de *vieux* Mozart assassiné, à la suite des rebuffades de sa « mère » artistique, madame Petrie, dont il espérait les encouragements. Mais il est un autre Mozart, plus vraisemblable celui-là puisqu'il est âgé de huit ou neuf ans, qui connaîtra un assassinat encore plus lamentable. Il s'agit de Marcel qui, accompagné de sa mère (bien réelle, et non symbolique), crée tout un émoi chez le marchand de musique en jouant du piano de façon extraordinaire, et Albertine réagira très violemment à cette manifestation incongrue[4] de talent :

> [...] un torrent de musique s'éleva dans le magasin, une vague de notes claires et brillantes soutenues par un fond de basses grondantes ; une mélodie exaltante se forma, puis se déforma, une autre, plus triste et plus insistante, la pénétra, prit sa place puis s'effaça dans un souffle léger ; cela bondissait, dansait, virevoltait ; cela donnait envie de rire et de pleurer en même temps ; des lignes mélodiques sans fin étaient traversées de mille variations qui les ponctuaient, les commentaient, semblaient s'en moquer puis se laisser attendrir ; des rythmes inattendus et complexes succédaient à des harmonies d'une simplicité déroutante ; la naïveté cédait la place à l'affectation, la prétention à la drôlerie, la recherche de la dissonance au dépouillement du son parfait. Les religieuses, les prêtres et le vendeur s'étaient rapprochés, émerveillés. (p. 519)

Le modèle de cette fort belle description se trouve sans doute dans *Un amour de Swann*, où Proust revient à plusieurs reprises sur la sonate de Vinteuil dont les complexes et suaves harmonies baignent les amours de Swann et d'Odette. Les thèmes n'en sont pas moins propres à Tremblay puisqu'on y voit se succéder, dans le puissant chahut d'un torrent, des éléments très divers, contrastés, hétérogènes, chargés d'affects opposés, mis en perspective et, finalement, conduits au « son parfait ». Le difficile accouchement de la Lune, enfant et mère à la fois, est réalisé sur le plan esthétique et sonore. Malheureusement, sur le plan humain, il en va tout autrement. Plutôt que d'amener sa mère à la conscience toute neuve et exaltante d'avoir donné naissance à un fils génial, Marcel a cassé le rapport de confiance qui existait entre elle et lui. Loin de ressentir de la fierté, Albertine se meurt de honte parce que son enfant a prétendu s'élever au-dessus de sa condition. Il faut assassiner Mozart, assassiner ce « petit génie né de la crotte » (selon les gens de la haute, *Ibid.*), il faut empêcher les gens de « penser qu'on pète plus haut que notre trou » (selon Albertine, *Ibid.*), renfoncer la Lune dans son tas de terre puant. Marcel, désespéré, quitte le magasin de musique « pour toujours » (p. 520) tout comme Édouard, après les semonces de Juliette Petrie, quitte l'espoir de monter sur la scène et revient vers sa mère « pour de bon » (p. 462) — Dieu merci, elle est morte !

Le Théâtre Arcade

Des spectacles, il y en a deux autres encore, très importants (sans compter le film de Tarzan, « particulièrement déshabillé » [p. 503], dont se régalent diversement garçons et filles à la salle paroissiale) : la pièce au Théâtre Arcade et le récital de Tino Rossi.

Une constante, dans tous ces spectacles, quel que soit le degré qu'ils occupent dans l'échelle artistique : la présence du poulailler du Palace, ces gros hommes efféminés aux goûts particuliers, francophiles ou américanophiles, enthousiastes partisans de telle ou telle star, ayant entre eux des rapports d'amitié ou de haine, de mépris ou d'admiration. Bref, sur le fond d'une sexualité commune,

une gamme discordante de passions haut affichées.
Fondu dans le public très populaire du National où
hommes et femmes, surtout du Plateau, brillent par leur
joyeuse indiscipline jusqu'à ce que les grandes stars leur
imposent une religieuse attention ; plus localisé au Palace,
son habitat naturel, où il se distingue par sa fantaisie et ses
railleries à l'égard de la clientèle attirée par le sexe (voir
p. 446), le poulailler forme, au Théâtre Arcade où il vient
applaudir Germaine Giroux, un ensemble sans doute
bigarré mais toujours prêt à se mobiliser autour de la
vedette en titre. Germaine, c'est la déesse, la Femme
adulée par tous ces hommes — la Vaillancourt, la Rollande
Saint-Germain, la Comeau, Rosario DelRose, Adrien le
barman, Édouard « le seul et unique » (p. 521) — qui
détestent leur sexe et voient la populaire comédienne
réaliser sur scène, de façon éclatante, leur idéal de féminité. Les accoutrements, bien entendu, sont pour quelque
chose dans le délire d'admiration du poulailler et du
public en général, qui n'admettraient pas que la même
robe fût portée plus d'une fois.

Or, la pièce jouée cet après-midi-là crée un moment
de « stupeur [...] totale » (p. 528), qui rappelle la consternation suscitée plus tôt, au Palace, par le talent de
Mercedes. Moment de danger pur, dont le véritable
artiste sort vainqueur. En effet, contrairement à ses
habitudes outrancières, si prisées de ses admirateurs,
Germaine se présente dans une tenue très simple, un petit
tailleur deux-pièces noir, des souliers plats. Voilà le coup
de génie ! À ne risquer qu'une fois, bien sûr — tout
comme la géniale improvisation de la Poune, le soir où
tout allait si mal —, et à proposer comme l'exception qui
confirme la règle. Le poulailler est :

> le premier à comprendre la longue vie de souffrance
> qu'avait vécue ce personnage qui n'était pas Germaine
> mais que Germaine allait être, somptueusement, à grands

coups d'éclat brusques aussitôt retenus et de bouleversante dignité, aussi la claque vint-elle de ce rang de doux rêveurs qui étaient venus acclamer une reine pour oublier leur existence si peu gratifiante et qui se retrouvaient devant une domestique qui les avait bouleversés avant même d'ouvrir la bouche. (p. 529)

La reine qu'on vient acclamer, c'est une domestique, c'est la grosse boule rouge retenue prisonnière dans les flancs de la montagne, sorte de Cendrillon à qui les chevaux colossaux rendront, si péniblement, sa dignité céleste. Le poulailler ici (la connotation agricole du mot rejoint les chevaux qu'évoquait un Josaphat bien campagnard!) est en quelque sorte mis devant lui-même, puisque la domestique réfléchit sa médiocre existence, mais le salut viendra bien vite, la claque frénétique introduisant la coupure entre la médiocre existence ici-bas et la splendide existence ouranienne.

Le passage consacré au Théâtre Arcade est immédiatement suivi d'un autre, fort important, faisant état d'une découverte qui a transformé la vie de lectrice de la Grosse Femme. Le livre en question, c'est *Bonheur d'occasion* qui, en cette année 1947, remporte le Femina. Or, ce roman qui décrit un quartier défavorisé de Montréal représente le même coup de génie que la toilette toute simple de Germaine Giroux. Il symbolise l'art même, avec ses puissances d'évasion et de rêve, mais l'art élaboré à partir de la vie la plus immédiate et la moins susceptible d'idéalisation. Tout d'abord, la Grosse Femme a un mouvement de recul et elle explique ainsi son besoin de dépaysement à Gabriel, son mari, qui vient de lui offrir le livre : « Chus pas malheureuse, Gabriel. C'est juste que des fois j'étouffe parce que toute est trop petit! J'ai besoin… d'espace. Peut-être parce que j'ai un gros corps, j'le sais pas… Mais j'en ai pas, d'espace, icitte, puis j'en trouve dans les livres! » (p. 530). Comprimée dans son existence de tous les jours, la Grosse Femme demande à s'épanouir dans un espace dégagé, ce qui nous rappelle encore la Lune d'abord prisonnière de la montagne, puis libérée dans le ciel. La lecture procure cette respiration et cette existence idéale. Et *Bonheur d'occasion* deviendra la référence de la Grosse Femme pour le reste de ses jours, justement parce qu'il accomplit mieux que tout autre livre la synthèse entre les deux régions de sa vie, l'ici et l'ailleurs, l'étriqué et l'illimité.

Tino Rossi

Tous les spectacles qui jalonnent *La Duchesse et le roturier* font escorte à la transformation d'Édouard, qui choisit enfin d'assumer sa féminité et de s'élever au-dessus de sa condition de vendeur de chaussures en devenant, au sens fort du terme, un *personnage*, la duchesse de Langeais. Le pas décisif coïncide avec le récit d'un dernier grand spectacle, mettant en scène le chanteur de charme Tino Rossi, universellement connu et fort apprécié, en particulier du public féminin. Gabriel, à qui sa sœur Albertine veut donner son billet, lui répond : « Pis à part de t'ça, les serins qui font pâmer les femmes m'intéressent pas ! » (p. 562). Alors que la Poune ou Germaine Giroux attiraient un public aussi bien masculin que féminin, le *tenorino* rejoint une audience en un sens plus limitée, parce que homogène — mais il la touche de façon exhaustive. Pas une femme, à la limite, ne peut se soustraire à son charme conquérant. Voilà une grande vedette internationale, contrairement à la Poune, voire aux sœurs Giroux même si elles sont plus près que la Poune du répertoire européen. De la Poune à Tino Rossi, il y a une gradation dans le sens d'un spectacle de moins en moins local ou régionaliste — et pourtant, on n'a pas l'impression d'un enrichissement proportionnel du contenu, au contraire : il y a beaucoup plus de vitalité et même de génie dans le burlesque de la Poune que dans le jeu outré de Germaine Giroux et, à plus forte raison, que dans les chansons sirupeuses du petit Corse rondouillet. Peut-être est-ce la raison pour laquelle l'auteur-narrateur met aux pieds de Rose Ouellette un jeune Français en séjour à Montréal et promis à un grand avenir dans son pays, Valéry Giscard d'Estaing.

La progression se fait aussi dans le sens d'une mise en relief de plus en plus exclusive de la vedette. La Poune partageait son spectacle avec plusieurs acteurs et chanteurs connus, au moins Mercedes (qui appartient à la fiction), Paul Desmarteaux et Juliette Petrie (qui sont réels). Au Théâtre Arcade, au sein d'une distribution nombreuse, Germaine Giroux récolte les applaudissements dus à la diva, mais elle est entourée de comédiens également appréciés, comme Denis Drouin. Tino Rossi, lui, éclipse tous ceux qui l'entourent. Il est vraiment le dieu. Il n'a pas de rapport horizontal avec des protagonistes mais l'unique rapport vertical au public. Il est l'incomparable, celui qui fait entendre la voix que même les êtres les plus obtus, les plus fermés au rêve, comme Albertine, ont besoin d'entendre, car elle leur révèle leur secret le plus essentiel :

> Mais les trois minutes que durèrent [sic] *J'attendrai* furent pour elle un événement complet en soi, lisse, rond, inattaquable, parfait. Parce que *J'attendrai* parlait d'elle. Elle aussi avait attendu toute sa vie, mais pas quelqu'un ; quelque chose. (p. 584)

L'événement lisse, rond, évoque la perfection de la sphère parménidienne, symbole de l'être — ou encore, il rappelle la pleine lune, qui est un signe de présence totalement comblante. On lit plus loin :

> [...] une élévation s'était produite en elle, un vertige nouveau qu'elle avait goûté dans la parfaite immobilité ; pas une seconde ses yeux n'avaient quitté le chanteur qui

avait semblé s'adresser directement à elle ; et son exaltation avait atteint l'absolu. (p. 585)

Objet de tous les regards, le chanteur est paradoxalement dans une relation personnelle et exclusive, simultanément, avec tous, chacun ayant l'impression qu'il chante pour lui seul, ne regarde que lui seul, comme le Dieu omniprésent des chrétiens. Tino Rossi, dispensateur du rêve, est vraiment accueilli comme la transcendance, et cette transcendance est associée aux valeurs de vie, de chaleur réconfortante, on pourrait dire maternelle. Rappelons que le ténor s'appelle Rossi — en italien, *rosso* signifie *rouge*. On peut penser à la grosse lune rouge du mois d'août. La voix du petit chanteur corse « vous transportait dans des régions inconnues, aux odeurs fortes, qui étonnaient, d'abord, puis troublaient, au cœur de cet hiver qui n'en finissait plus : quelque chose du printemps flottait dans l'auditorium du Plateau enfermé dans le parc Lafontaine où sévissait une tempête » (p. 581) — c'est le Sud en plein pays du Nord, c'est le printemps au cœur de l'hiver, ce sont les flammes rouges du rêve au sein de la réalité blanche et froide.

Ce contraste du blanc et du rouge, on le trouve aussi dans la transformation finale d'Édouard (voir *infra*), qui fait contrepoint au spectacle de Tino : « Il se coucha sur le dos, les yeux brillants, une main posée sur son cou, là où le maquillage finissait brusquement, comme un masque foncé posé sur une peau très blanche » (p. 566). Le maquillage d'Édouard déguisé (pour la première fois) en duchesse, c'est la couleur de rêve qui recouvre et domine le terne et le blanc du réel — et il rappelle nettement le maquillage du méridional coloré qu'est Tino Rossi, ce « Corse beurré au pancake brun foncé », selon l'expression de Rosario DelRose (p. 572).

Même contraste entre le blanc sidéral de la salle du Plateau, approprié à la musique sérieuse, classique, et les «chansons colorées qui sentaient le sud de l'Italie» (p. 578), chansons que les femmes du Plateau Mont-Royal sont venues écouter au lieu des habituels «lieders nordiques, frileux et pâlots» (*Ibid.*).

Les liens entre le spectacle de Tino Rossi, qui couronne le roman, et la transformation ou le passage à l'acte d'Édouard, sont de plusieurs sortes. D'abord, un lien de contiguïté : Édouard a choisi ce spectacle pour y faire, en quelque sorte, ses débuts. Il y a invité Albertine et la Grosse Femme, sachant qu'il peut trouver une certaine complicité chez cette dernière, et qu'il ne peut que se heurter à une incompréhension totale chez celle-là. Heureusement, Albertine est trop bornée pour simplement imaginer qu'Édouard puisse se travestir, et elle ne reconnaît pas son frère sous les traits de cette grosse et grande femme assise à côté d'elle.

Mais l'événement que constitue la transformation d'Édouard a aussi, et surtout, un lien métaphorique avec le spectacle de Tino Rossi : cette visite extraordinaire, cette présence du petit dieu en personne dont la radio diffuse les prodigieux succès, se confondent symboliquement avec l'avènement d'une personnalité nouvelle, prestigieuse, superbe bien qu'ayant un caractère privé : une femme du monde, une duchesse en plein Plateau Mont-Royal ! En un sens, Tino et Édouard brillent d'un même éclat, l'un sur la scène, l'autre au parterre.

Au cours de la réception qui suivra dans les salons du Ritz, les deux feront pareillement figure d'étrangers, de solitaires : «Le chanteur ne disait presque rien; il se courbait, baisait des mains, souriait, au point que Germaine Giroux dit à Denis Drouin qu'elle suivait de près : "Pour moi, y nous ont pas envoyé le vrai Tino Rossi, y nous ont envoyé un dummy! Y'est raide comme une barre pis y a l'air d'un p'tit gars de six ans!"» (p. 592). De même, Édouard se sent «irrémédiablement seul alors qu'il avait toujours jusque-là été entouré» (p. 593). Cette faiblesse et cette solitude, chez l'un comme chez l'autre, sont la face cachée de la lune, l'envers de cette autorité et cette assurance lumineuses qu'ils sont susceptibles d'afficher, le moment venu.

Naissance d'une duchesse

Les nombreux spectacles que j'ai passés en revue forment un paradigme qui sert de contexte thématique, en quelque sorte, à la métamorphose du vendeur de souliers en duchesse. Un homme donne, à lui-même et aux autres, le spectacle de la destinée qu'il a choisie et qui le venge de sa condition misérable. Il *devient* spectacle, son être pour autrui est désormais l'effet de l'art. Édouard se construit duchesse avec le même soin que la Grosse Femme a décoré le sapin des fêtes, et se projette ainsi en plein ciel, véritable *self-made-moon*!

Première phase : le chaos incitateur. La coiffeuse « ressemblait à un champ de bataille après une double défaite : tout y était bouleversé, renversé, répandu, pêle-mêle, de la poudre de riz aux rouges à lèvres, des flacons de parfum bon marché aux maquillages gras, de la crème Pond's au vernis à ongles Revlon » (p. 563). La profusion d'objets, le pêle-mêle rappellent les étapes préliminaires de la fabrication du reposoir ou de l'arbre de Noël, les flancs de la montagne dont la Lune sera extraite — en somme, le bric-à-brac. En résulte pourtant « une tête de femme assez belle, impressionnante, en tout cas » (*Ibid.*). En résulte surtout la fusée s'élevant en plein ciel des regards : « J'veux qu'on me voye passer, Samarcette ! Puis j'veux qu'on se rappelle de mon passage ! J'vas marcher fort, j'vas parler fort, j'vas sentir fort ! J'vas remuer de l'air, calvaire ! » (p. 566).

Et c'est devant les principaux membres du poulailler, « rebaignés, relavés, repolis, reparfumés, redéguisés » (p. 571-572), plus Lunes que nature, que se présente enfin

Édouard après une interminable séance de grimage où « des tiroirs étaient tirés, malmenés, fouillés, vidés ; des pots, des flacons, des boîtiers, des étuis s'entrechoquaient en tintinnabulant ; en un mot, c'était le bordel » (p. 574), c'est-à-dire le bric-à-brac à connotation érotique. La duchesse se produit donc devant les intimes, et l'on croirait voir se répéter la stupeur du public quand Germaine Giroux lui fait le coup périlleux de la simplicité. Ou quand Tino, « un petit bout d'homme tout rose » (p. 580) qu'on n'attendait pas encore, vient se placer devant le micro, produisant un flottement, puis « la totale confusion, le pandémonium incontrôlable » (*Ibid.*). Du grand théâtre : « Un silence étonné plana longtemps dans le salon ; tellement, qu'Édouard finit par hurler : "Réagissez, sans ça j'vous troue avec mon épingle à chapeau !" » (p. 574). Le silence, le moment de consternation ou d'étonnement maximum, la paralysie, ces manifestations correspondent à l'événement de la rupture, des chaînes qui claquent, quand la lune se trouve soudain libérée et prête à prendre sa place dans le plein ciel. Moment où tout chavire, où la trivialité hésite encore à se transformer en miracle.

Et c'est ainsi qu'Édouard commence sa vie de travesti. Il sera artiste dans la vie, il sera en spectacle continuel, n'offrant plus aux autres qu'une image de rêve, celle de son désir :

> J'ai décidé que si j'avais pas assez de talent pour monter sur une scène, j'en aurais dans' vie ! Chus tanné de passer en arrière des autres en leu' disant qu'y sont bons ! Moé aussi j'veux être bon ! Pis j'veux avoir du monde qui vont me suivre en me le disant ! C'que j'peux pas faire sur une scène parce que c'est peut-être vrai qu'y'est trop tard pour commencer, j'vas le faire partout ailleurs ! (p. 566)

Édouard ne peut pas réaliser son ambition d'être comédien, c'est-à-dire d'être celui par qui le rêve existe

— en fait, il l'aurait réalisée d'une façon bien secondaire en parodiant ceux, ou plutôt celles, qui ont été comédiens avant lui. Imiter les divas, ce n'est pas être soi-même la diva. Mais incarner dans la vie une figure fictive, jouer (être) la duchesse de Langeais, voilà qui, en un sens, représente un projet plus authentique, et aussi plus dangereux, car il se rapproche de la folie. Avoir une double personnalité, se prendre pour tel personnage (de l'Histoire, de la culture), cela remet en cause de façon fondamentale la relation au réel. Si le rêve s'impose au détriment de la réalité, se substitue à elle, il cesse d'être rêve pour devenir une totale illusion. Il devient mensonge. La trajectoire d'Édouard côtoie alors celle de Marcel, à qui la Grosse Femme tente d'expliquer la notion de mensonge :

> Si t'avoues que c'est pas vrai, que t'as tout inventé ça parce que t'as besoin de t'échapper, de t'évader, ça s'appelle de l'imagination pis c'est beau ; mais si t'avoues pas que c'est pas vrai, si tu continues à prétendre que tout ça existe vraiment, ça s'appelle un mensonge, pis ça c'est grave. (p. 543)

Marcel choisit finalement le mensonge (p. 570), au moment même où Édouard va faire ses débuts en travesti, et ce parallélisme est significatif : vivre de rêve plutôt que de platitude quotidienne, cela suppose ou bien qu'on est poète, comme Josaphat-le-Violon ; ou bien qu'on est vedette, comme la Poune, Juliette Petrie, Mercedes, Germaine Giroux, Tino Rossi ; ou bien qu'on est fou, comme Marcel est déjà en train de le devenir. Mais Édouard trouve une voie qui combine la folie et l'état de vedette : la perversion, plus précisément le travestisme, lequel n'est d'ailleurs pas sans rapport avec la prostitution qui, telle qu'elle est vécue par Ti-Lou ou par Betty Bird, suppose aussi un certain rapport avec le rêve. La prostitution est dispensatrice de bonheur et d'illusion. Elle réalise les fantasmes dont le client cherche en vain la matérialisation dans sa vie conjugale, fantasmes qui ont souvent un rapport avec les imagos refoulées de la mère (bonne ou mauvaise).

Ces formes de rêve, plus ou moins gratifiantes, tendent toutes à restaurer le contact avec « la seule chose qui ne trompe pas », c'est-à-dire la Mère. C'est elle, lunaire, qui est omniprésente dans les affaires du désir. Et le nom même que choisit Édouard, duchesse de *Langeais*, n'est pas sans connoter phonétiquement les langes dans lesquels les mères d'autrefois emmaillotaient leur enfant. Édouard sera, pour toute la *Main*, une emmailloteuse de première force, voire une génitrice :

> Elle avait mis le Coconut Inn au monde et le Coconut Inn ne voulait plus d'elle ! Elle les avait pourtant toutes mises au monde, les vieilles comme Greta ou Miss Saydie Thompson, les jeunes comme Bambi, les « intermédiaires », aussi [...], répliques plus ou moins réussies d'elle-même, rejetons sans gratitude[5]. (p. 614)

Édouard finira sa vie en mère déchue, comme Victoire devenue un meuble encombrant que l'amitié de son petit-fils Marcel sauvera seule de la complète solitude.

Spectacles de la mort

La Duchesse et le roturier offrait, nous l'avons vu, une ample matière pour l'examen des constructions du Rêve. Il reste encore à interroger un spectacle, à caractère privé celui-là et susceptible de rappeler par là, ou plutôt d'annoncer (puisqu'il survient dès les premières pages du roman) la performance de Marcel chez le marchand de musique. Il s'agit de la mort de Victoire, qui a pour témoins les tricoteuses et le petit Marcel, précisément. La place inaugurale de l'épisode le met dans une position semblable au célèbre récit du meurtre de la duchesse (*Des nouvelles d'Édouard*), dont je parlerai subséquemment.

Sur tout le récit de la mort de Victoire plane une dynamique de l'envol. Marcel, vite conscient des signes de l'agonie, est convaincu «qu'elle allait s'envoler» (p. 399), et le chat Duplessis, son compagnon *métaréel* (imaginaire *et* réel), le lui confirme : «[…] c'est à soir que l'âme de ta grand-mère va s'envoler» (p. 401). Au point de départ du processus, une sorte de chaos actif réunit les extrêmes. Sur le visage de la moribonde «pouvaient se lire la douleur ou la peur autant qu'une espèce de soumission mêlée de soulagement» (*Ibid.*). Les alternances de joie et d'effroi se multiplient «comme si la vieille femme avait travaillé très fort ou s'était battue pour se frayer un chemin à travers un pays inconnu» (p. 402). On se souvient du cortège des comédiens et du public du National se frayant un chemin dans la haute neige, après la représentation si malaisée qui s'était terminée par l'apothéose de la Poune (et du National) ; ou mieux, de la pénible ascension de la lune tirée par les huit chevaux apocalyptiques. La progression pénible est le préalable obligé de la libération.

Puis Victoire ouvre les yeux «si brusquement que Marcel recula avec un cri» (*Ibid.*). Par son regard, la vieille femme devient intensément présente, comme une actrice (par exemple, Germaine Giroux) faisant son entrée sur scène. C'est le choc. Le spectacle ne saurait commencer vraiment sans ce coup d'éclat qui affirme la pure présence et qui déconcerte l'attente, l'étonnant pour mieux la combler.

Et Victoire se met à parler, confondant Marcel et Josaphat, son frère adoré. Le réel est transcendé vers l'espace du désir, car voilà que «le ciel est rouge» et que «c'est la pleine lune à soir» (*Ibid.*), météores avec lesquels nous sommes familiers. Victoire meurt rapidement en affirmant qu'il n'y a plus de distance entre Duhamel, sa patrie qu'elle a fuie en fuyant Josaphat, et Montréal où elle est venue vivre. Tous les lieux forment un seul lieu, tout est le centre. Victoire elle-même se fait sphère, et sphère rayonnante, comme la Lune, elle est la Mère et son enfant : « Elle replia ses bras sur elle comme pour se caresser ou se bercer elle-même, posa le menton dans le creux de son épaule et mourut assise, rayonnante de bonheur » (*Ibid.*). Mourir assis, quelle étonnante alternative à l'héroï-comique mort debout (celle de Ti-Lou) et à la si banale mort couchée ! Cette mort assise, qui conjugue l'équilibre et la chute, qui neutralise la chute par l'envol, est préfigurée quelques instants plus tôt par la position de Marcel qui « s'endormit assis, recroquevillé sur lui-même, les deux mains à plat de chaque côté de ses cuisses » (p. 400). Marcel reprendra d'ailleurs à son compte toutes les étapes de la mort de sa grand-mère — sa seule amie en ce monde —, revivra dans un saisissant raccourci les grandes joies de la vie de Victoire, qui sont coextensives aux épiphanies prodigieuses du pays (voir p. 403) et, à la fin, Florence, la mère des tricoteuses, lui « ferma doucement les yeux comme s'il avait lui-même été la morte » (p. 404). Victoire revit en Marcel, par Marcel ; le petit garçon sera à la place de Josaphat, et pour toujours, l'allumeur de cette âme en son cœur.

La mort d'Édouard, assassiné par une canaille, est certes moins glorieuse que celle de sa mère. Victoire avait au moins un témoin réel, une présence affectueuse pour l'assister dans son passage à l'au-delà. Marcel n'est sans doute qu'un enfant, mais sa compréhension de la mort n'est gâtée par aucun calcul.

Édouard meurt seul, à cinq heures du matin, dans une rue Sainte-Catherine déserte. Il meurt déchiré par le poignard de Tooth Pick (Denis Ouimet, un minable, séide de Maurice Côté, autre minable). On fait disparaître Édouard parce qu'il dérange. Il met en garde la faune de la *Main* contre les drogues asservissantes et les chirurgies sexuelles coûteuses qui ne règlent aucun problème d'identité, il gêne les trafics de la petite pègre locale. Tout comme sainte Carmen de la *Main*, qui voudrait désaliéner son public. Certes, Édouard ne pousse pas le dévouement jusqu'à la « sainteté », c'est-à-dire au franc militantisme. Il veut préserver surtout, par vocation naturelle, les droits du rire, de la fantaisie et d'une certaine liberté. Ses droits à lui et, par ricochet, ceux des autres. Les droits du Rêve, en somme, vécus et assumés à son niveau.

En se haussant brièvement au-dessus de son minable caractère jusqu'à sa fonction d'Homme de main, artisan de la fatalité mafieuse, Tooth Pick profère, en tuant, cet éloge funèbre que pourrait signer le narrateur : « Un semblant de paix va revenir sur la *Main* pis on va pouvoir recommencer à faire nos coups sans sentir ton mépris ! C'est ton mépris pour nous autres qui te tue, Édouard ! » (p. 624). Voilà beaucoup de lucidité pour un esprit si exigu, qui devrait parler de paix et non de « semblant de paix », et qui ne devrait pas identifier le mépris comme motif de rétorsion. Cela dit, il a pleinement raison. Édouard s'est toujours senti au-dessus des terreurs instaurées par les petits criminels qui exploitent le milieu interlope, et il est, à la façon d'une mère généreuse et chiante, au-dessus de la faune de drogués et de prostitués qui vit et meurt de ces trafics. Eh bien, comment meurt une telle notabilité de quartier ? Une mort assise, rayonnante, heureuse comme celle de Victoire ? Une mort prodigieuse, que le défilé des grandes images du pays va accompagner, pour l'émerveillement du petit-fils s'associant à cette mutation surnaturelle ? Non, bien sûr.

Édouard meurt fin seul, hormis la rencontre d'un « adolescent pâle » qui s'inquiète de lui et qu'il éconduit. Il le charge toutefois d'un message pour la *Main* : « Tu leur diras que même si a'l'a répandu ses tripes, la duchesse de Langeais a pas chié dans ses culottes ! Est restée digne pis désinvolte jusque devant la mort » (p. 627). Digne comme une femme du monde, une déesse-mère, et désinvolte (dégagée, dit l'étymologie) comme un astre qui a pris ses aises dans la nuit.

Mais surtout, même seul, Édouard fait de sa mort un spectacle. Il refuse de « mourir dans un parking » (p. 624), se transporte dans un endroit plus public (à défaut d'être passant, à cette heure du jour naissant), et s'arrête d'abord devant un lieu emblématique du spectacle, le Monument National, où, lisons-nous avec un certain étonnement, il « avait fait ses débuts de fausse femme du monde et venait y mourir seule comme une carmélite déchaussée » (p. 626). Or ce serait plutôt à la salle du Plateau où chantait Tino Rossi que, pour le lecteur des Chroniques, la duchesse a fait ses débuts. La confusion s'explique par une légère imprécision du narrateur, qui semble associer la notion des débuts à la découverte des « beautés et aberrations du théâtre dans cette salle » (*Ibid.*)[6], ce qui nous situerait à un moment postérieur au retour du voyage initiatique en Europe. L'important, c'est que les débuts et la fin de la duchesse sont placés sous le signe du spectacle, et d'un lieu qui lui est consacré, quel qu'il soit. On peut noter, du reste, que même si Édouard est l'un des personnages les plus présents des Chroniques, avec deux romans complets qui lui sont consacrés, il n'est jamais question de sa vie en dehors de ce qui touche à ses débuts et à sa fin de duchesse. Tout l'entre-deux (entre 1947 et 1976), c'est-à-dire son long règne sur la *Main*, est passé sous silence ou fait seulement l'objet de rapides évocations à la faveur de retours en arrière, dans les quelques pages qui racontent son assassinat.

Édouard meurt abandonné, mais beaucoup de gens tout de même lui font cortège, dans un espace qui n'est pas celui de la réalité et où le spectacle règne en maître. Il y a d'abord les « ombres » du Monument National, un « flot de chanteurs mal fagotés et gesticuleux » (p. 625), ces choristes dont Édouard a tant ri autrefois tout en les encourageant et qui viennent maintenant rire de lui, précédant un couple royal, Pierrette Alarie et Léopold Simoneau (*Ibid.*). À travers eux, c'est une géniale tradition de l'opérette, à laquelle il a applaudi, qui lui rend hommage. On pense à la fois à la Poune et au plus sérieux Théâtre Arcade qui seraient fusionnés et élevés à la dignité lyrique, et unis pour le saluer. Hélas, la dynamique de l'agonie vient contester l'exaltation d'Édouard et des images de chute, de déclin ternissent le sentiment de la gloire. « La *Main* est devenue une *Main* d'opérette ! On est toutes devenues une gang de mauvais figurants ! L'opérette est descendue dans la rue pis on l'a laissée faire ! » (p. 626). Descendue de son Monument, l'opérette ressemble à la Lune qui réintégrerait les flancs de la montagne, perdant tout son génie. Il faut garder le sens de la coupure entre la réalité et le rêve, et surtout éviter d'introduire les fantaisies du rêve dans la réalité, comme ces pauvres invertis qui « se font toute couper en pensant que ça va toute changer pis y sont condamnés à pus *jamais* avoir de fun… ni d'en bas parce qu'y'ont pus rien, ni d'en haut parce qu'y'ont la tête bourrée par toutes les mardes qui courent la *Main* ! » (p. 616). Le fun suppose que le bas reste le bas et que le haut reste le haut, ce qui est sans doute contraire à l'esprit carnavalesque que pratique *aussi* Édouard. Sa mort déshonorante est la sanction inévitable du mélange des genres qu'il a toujours pratiqué.

Édouard meurt dans la rue et c'est — en partie, du moins — l'« étrange cortège » qui s'était formé au parc Lafontaine, trente-quatre ans plus tôt, qui se présente finalement à lui, Victoire, Marcel et Duplessis en tête, les tricoteuses ensuite. Comme Édouard n'a jamais été initié au métaréalisme du chat et des Parques locales, on devine qu'il entre ici, sans d'ailleurs le moindre étonnement, l'agonie aidant, dans une mythologie qui est au diapason de sa propre fantaisie. Viennent ensuite la Grosse Femme et les personnages du poulailler, Samarcette, deux actrices qu'on identifie facilement comme étant la Poune et Juliette Petrie. Entouré de tous ces êtres, la plupart lui étant familiers, dans une « Catherine si pitoyable aux petites heures du matin » (p. 627), Édouard meurt, tragiquement seul et comiquement entouré, Lune tombée dans la boue. « Dans la vraie vie, Édouard avait déjà commencé à pourrir » (p. 628). Cette note finale, lugubre, suggère que certains rêves ne survivent pas aux pénibles efforts qui les ont produits.

Le bal masqué

Si Édouard ne triomphe pas dans la mort, il le fait pourtant dans la vie, dès lors qu'il prend le parti de s'affirmer comme être de fiction. Avant d'assumer définitivement l'identité de duchesse, il va faire ses classes à Paris, et d'abord sur un navire, le bien-nommé *Liberté*, où un bal masqué lui donne la chance de se mettre en valeur. Le bal masqué, ce n'est pas la scène et pourtant on y joue un personnage, en compagnie de gens fortunés — des *gens du monde* — qui sont, à parts égales eux aussi, spectateurs et acteurs. C'est précisément eux que l'apprentie duchesse se doit d'impressionner.

Édouard, en plus, égaré au milieu de gens d'une autre classe, éprouve vivement la solitude où il se retrouve. Il écrit à la Grosse Femme, sa confidente : « Savez-vous quoi ? Je suis tout seul pour la première fois de ma vie ! Je me suis toujours entouré : à l'école, à la maison, au travail, dans ma gang du Plateau Mont-Royal... J'ai toujours vécu en troupeau pis me v'là tout seul comme une grosse lune au milieu de rien ! » (p. 639). Il va de soi qu'Édouard n'échappera pas au destin de grosse lune, mais elle brillera de préférence au milieu de tout, et autant que possible au-dessus de tous. Édouard a besoin des autres, mais pour s'imposer à eux.

Son personnage, il le construit de la plus baroque façon, avec tout ce qui lui tombe sous la main. Au lieu de puiser dans la friperie conventionnelle du bateau, comme les autres passagers, il invente et, à cette fin, bien entendu, laisse derrière lui une cabine «complètement virée à l'envers», avec tout de même pour résultat que «j'étais pas mal beau à voir» (p. 689). Le désordre est le préambule obligé de la construction du Rêve. De l'espace quotidien minable ramené à un invraisemblable bric-à-brac, on tire les éléments de la construction : les draps font une sorte de tunique à la romaine, la corde du rideau du hublot devient cordelière, le rideau lui-même devient «un casque genre Néfertiti des pauvres» (*Ibid.*). Le dessus de lit (orange, blanc et noir, à grosses fleurs) figure un manteau et, coup de génie, les robinets de l'évier, des pendants d'oreille ! Du papier hygiénique fournit un bouillonnant bracelet et la chaîne de toilettes, dont la poignée de cuivre pend sur la poitrine, fait office de collier. Bref, une caricature de déesse non identifiable, et qui fait «royalement dur» (*Ibid.*), qui heurte le code de la bienséance par sa transgression des genres et des sexes. Sur le point d'entrer dans la salle de bal, Édouard se donne une qualification savoureuse et fort significative : «Moman avait hâte de faire son entrée au bal» (p. 690).

Au milieu de tous les invités masqués, Édouard affiche un visage seulement maquillé qui le distingue des autres et constitue un premier triomphe, surtout en ce qu'il préserve son identité. Le spectre de Victoire est aussitôt associé au sentiment de sa différence : «[…] j'arborais sans honte mon beau visage nu au faciès de brute épaisse (vous vous souvenez quand maman me disait que j'avais un faciès de brute épaisse avec mes yeux rapprochés en signe de folie quand elle était fâchée contre moi ?)» (p. 691). Le «beau visage», par la grâce de la poétique baroque, retient en lui le visage contraire qui lui a donné naissance et qui est marqué au coin de la folie, laquelle propulse Édouard (mal détaché de sa mère) vers une impossible résolution des pulsions du désir. Brute épaisse. Édouard en spectacle est, ensemble, la Belle et la Bête et l'intensité de sa démarche lui assure la royauté.

« Pas besoin de vous dire qu'un froid s'est répandu autour de moi quand je suis entré, royal et hautain, dans la salle de bal décorée en boule de Noël pour sapin de millionnaire » (p. 691). On se souvient de l'arbre de Noël devant lequel Victoire avait chassé Édouard du paradis de son enfance. La même exclusion risque de se produire ici, devant l'outrance du Rêve qu'incarne un Édouard si peu respectueux des conventions. Le sapin de la Grosse Femme édifiait tout un bonheur à saveur familiale, à tonalité païenne, chrétienne et multiraciale, sans entorse au bon goût malgré la violence des contrastes. Édouard, à une pimbêche d'Outremont qui lui demande en quoi il s'est déguisé, répond avec superbe : « En bécosses de première classe, madame Beaugrand ! » (p. 692). Le Rêve d'Édouard, qui fait de lui une grosse Lune au milieu des tarés, affiche un réjouissant mauvais goût qui, certes, l'éloigne à tout jamais de cette Lune qu'on respecte toute sa vie, selon le précepte de Josaphat-le-Violon. « Mauvaise tragédienne », « somnambule obèse », Athalie éructant les vocalises scatologiques de *C'est en revenant de Rigaud* (voir p. 694), Édouard n'en finit pas d'avilir une transcendance qu'il revendique pour mieux l'abaisser, mieux la traîner dans le merdier où tout le beau monde se roule, en se donnant des airs.

Ce faisant, par sa parodie de la femme tragique qu'était Athalie ou, mieux encore, la duchesse de Langeais imaginée par Balzac, grande et noble martyre de l'amour, Édouard n'accomplit aucune rédemption de la réalité. À cet égard, sa sœur Albertine, si dépourvue soit-elle de la faculté de rêver, se montre soudain capable, au beau milieu du *Premier Quartier de la lune*, d'une extraordinaire transfiguration.

La crucifixion d'Albertine

S'il est, nous le savons, un personnage ancré dans ce que le quotidien comporte de plus étriqué, de plus monstrueusement raisonnable, c'est bien Albertine, et il ne faut rien de moins que la présence réelle de Tino Rossi pour l'enlever un instant, un seul, à la platitude de son destin. Cela se produit selon un scénario que nous connaissons bien. Il y a d'abord la profusion des choses, la salle, le public, l'orchestre, « toile de fond mouvante et dérangeante » (p. 584), l'éclairage qu'elle s'étonne « de voir passer du rouge au rose, du rose au bleu, du bleu au jaune ambré » (p. 584-585), bref le désordre préliminaire (pour elle qui n'est pas une habituée des spectacles). Puis vient le chanteur et tout s'efface, hormis elle et lui, leur coprésence, leur contact ineffable, semblable à celui de Dieu et de sa créature. « […] son exaltation avait atteint l'absolu » (p. 585). Ce qu'Albertine connaît dans la vie courante, c'est l'envers de cette exaltation, la frénésie de rage qui l'emporte au-delà d'elle-même — elle est cette « survoltée qui sautait sur toutes les occasions d'éclater en cris et en violences incontrôlables non pas pour se défrustrer mais pour faire pitié » (p. 586). Par sa rage, qui compense un extraordinaire besoin d'être aimée, Albertine échappe tout de même à l'insignifiance à laquelle la condamne son manque de perspectives intellectuelles.

La scène extraordinaire que raconte *Le Premier Quartier de la lune* se situe dans le prolongement de ce que laissait entrevoir le moment d'émotion éprouvé lors du tour de chant de Tino Rossi. Albertine s'élève au-dessus d'elle-même et devient « la tragique » (p. 941), c'est-à-dire la sœur de Phèdre, d'Athalie — et nullement sur le mode parodique, comme c'était le cas pour Édouard lors du bal masqué du *Liberté*. Au contraire, tous ceux qui auraient pu rire de l'exhibition d'Albertine, les enfants de la rue, les voisines, sont saisis par l'espèce de pathétique sacré qui se dégage de la mélopée.

Il y a d'abord une sorte de prologue, qui est la crise qu'Albertine fait à Marcel quand elle le découvre devant la maison des tricoteuses. Après la rencontre qu'elle a eue avec Thérèse, qui quitte le respectable restaurant où elle travaillait pour retourner sur la *Main*, elle ne peut supporter de retrouver en plus son fils détraqué en pleine fascination devant des créatures imaginaires. Elle explose donc, frappe Marcel, et sa rage continue de se déverser quand elle monte l'escalier vers le balcon où se tient la Grosse Femme. C'est la phase du *bric-à-brac*, c'est le «magma de mots mal tricotés qui s'entrechoquent, se bousculent tant la bouche qui les prononce n'arrive pas à en endiguer le flot» (p. 940). Puis, coupure. «Tout à coup, Albertine se tut et on crut que tout était fini, qu'elle allait disparaître dans la maison» (*Ibid.*). Mais le suspens, comparable à la stupeur que, dans leur spectacle, créent Mercedes ou Germaine Giroux, n'est qu'un prélude au vrai spectacle. Et il s'agit bien d'un spectacle, d'une «scène [qui] étonna tout le monde» (*Ibid.*). Debout sur son balcon, se tenant «toute droite», Albertine sort de l'état d'illuminée qui, paradoxalement, définit sa situation normale, tout devient clair pour elle, et elle formule, propage, diffuse cette clarté devant elle, pour toute la rue et pour le monde entier.

Il y a d'abord un «récitatif à peine murmuré» où Albertine fait état de sa vie, de la «cage» où elle étouffe, en des mots qui crèvent le cœur. Suit le «grand air». Tout le dispositif théâtral y est: la «scène», cette maison de briques où, à l'étage, se tiennent deux femmes; la «tragique» et sa «confidente», et le «chœur» (p. 940-941), formé des six enfants de la rue Fabre dont les mères, dix ans plus tôt, s'étaient rassemblées sur le balcon autour de la même Grosse Femme, non pas confidente alors mais *centre*, mère, Lune. Et au lieu du «Temps des cerises»,

chanson d'espoir, retentit l'expression désespérée d'une
« tragédie », d'une « crucifixion » (p. 941). On mesure bien
ici le chemin parcouru en dix ans par cette pauvre
humanité d'un quartier de Montréal en voie vers une
inéluctable catastrophe. Albertine devient l'officiante
d'une messe terrible, et les voisines viennent constituer,
sur le pas de leur porte, le chœur des fidèles dans ce grand
lamento « plus près du grégorien que du romantisme »
(*Ibid.*). La tragédie païenne cède la place à la tragédie
chrétienne, à l'immolation de soi, au sacrifice. Une sourde
frénésie s'empare des assistants qui « ponctu[ent] le grand
air » de leurs approbations pour porter le chant « plus
haut » :

> Elles suivaient l'air avec leur corps, se balançaient, cer-
> taines chantonnaient bouche fermée, d'autres poussaient
> de petites plaintes qui leur faisaient du bien. Les voix
> s'ajoutant aux voix, le chant finit par prendre son envol et
> monter tout droit dans le ciel d'un invraisemblable bleu.
> (*Ibid.*)

L'assistance apportée au chant de la « tragique » et qui lui
fait rejoindre un espace de parfaite idéalité, la patrie de
l'azur, rappelle les efforts des chevaux fantastiques pour
extraire la lune de sa gangue chtonienne et déterminer
son ascension. La différence, toutefois, c'est que nous
sommes ici en plein jour et que le ciel est lui-même
l'incarnation de la sérénité et de la transcendance. Le
chant ne peut que se fondre en lui, participer de sa
grandeur et de sa beauté, de son *invraisemblance* aussi
puisqu'il est si étranger aux laideurs du réel. En somme,
Albertine n'accède pas comme la Grosse Femme à la
condition de Lune magnifique, son chant seul triomphe
du malheur. Sans doute y a-t-il une communion entre elle
et les femmes d'alentour, et affirmation de cet amour,
vertu toute maternelle, qui triomphait chez les femmes

enceintes dix ans plus tôt. Mais l'amour ne peut plus, maintenant, se dire et se déployer : « la tragique » insinue que « sous tout ça couvait un grand amour qui jamais n'arriverait à s'exprimer » (p. 942). L'amour reste prisonnier des enfers du moi, et Albertine ne sort pas de sa cage. Édouard, lui aussi prisonnier d'un réel étouffant, s'était libéré par le rire, la fantaisie, la transgression et la dérision, il avait joué les grosses lunes affranchies. Jamais, toutefois, il n'avait exprimé la vérité de l'existence d'une façon aussi saisissante que ne le fait sa sœur hystérique et bornée, en un moment unique de sa vie qui apparaît comme l'un des sommets des Chroniques.

Dans *Albertine en cinq temps*, un rapport privilégié avec la lune s'établit à la fin de la pièce[7] quand les cinq Albertine (30 ans, 40, 50, 60, 70…) tendent la main vers l'astre, chacune en vertu de ses propres dispositions intérieures. On peut voir dans cette convergence des âges de la vie un signe d'espoir. Mais, même si un contact physique avec la Lune semble s'accomplir et induire une sorte d'extase, la dimension tragique est résolument réaffirmée par la couleur de l'astre « solitaire et rouge sang ».

Albertine, sœur crispée de cet Édouard qui aime tant se donner en spectacle, vole la vedette vers la fin des Chroniques et fait entendre les accents terribles de la vérité. Mais il est une autre vérité, engendrée par elle, une vérité prisonnière d'un corps qu'elle chérit et rejette à la fois, une vérité qui fut un enfant adorable et qui est maintenant un gros garçon bouffi par le malheur et la folie. Il s'appelle Marcel, il a 23 ans et des allures inquiétantes de point final. En lui, le Rêve est vécu jusqu'à sa consommation définitive.

▶ **NOTES**

1   La redondance, « satellite dépendant », suggère qu'Édouard évolue comme une lune autour d'une Lune plus fondamentale et qui n'est pas, elle, « dépendante ».

2   À noter que Teddy Bear Brown, tout comme Tit-homme Belhumeur, est complètement ivre (« paqueté aux as »).

3   Quand Juliette Petrie lui demande pourquoi il n'a pas tenté l'aventure de la scène plus tôt, il répond piteusement : « Chus un vendeur de chaussures, madame Petrie ! Avant de connaître Samarcette, j'connaissais rien ni parsonne de vot'milieu ! Pis ma mère... Ma mère... » (p. 459). C'est par respect pour Victoire qu'Édouard s'est longtemps refusé à donner libre cours à ses désirs. Mais récemment, elle l'a chassé de la maison et il se sent prêt à assumer, à sa façon, le rôle de duchesse (de Lune) sur le mode parodique qui lui est seul accessible.

4   Plus incongrue que celle de Mercedes, qui n'a pas à bien chanter et *fait mal* de le faire, mais reste dans son rôle de chanteuse ; ou que celle d'Édouard à qui, de toute façon, on ne donne pas la chance de faire la preuve de son talent pour la scène.

5   On lit aussi plus loin : « [La duchesse] n'avait pas du tout l'alcool agressif, pour une fois, elle avait plutôt tendance à contempler sa *progéniture* avec attendrissement. Ses *enfants* étaient beaux, le Coconut Inn était le bout du monde, la *Main* était son royaume » (p. 618). Je souligne.

6   Ce qui rapproche peut-être Édouard de l'auteur...

7   Michel Tremblay, *Théâtre I*, Montréal, Leméac/Actes Sud, 1991, p. 388.

CHAPITRE CINQ

Les constructions du Rêve, III
Autour de Marcel

Parmi tous les personnages de la rue Fabre, Marcel apparaît comme le grand héritier et le proche continuateur, dans son rapport au Rêve, de Josaphat-le-Violon. Dans les Chroniques telles que nous les donne à lire la monumentale édition Leméac-Actes Sud, Josaphat et Marcel sont en quelque sorte l'alpha et l'oméga de la tribu des personnages, l'un s'illustrant surtout dans les deux premiers livres et l'autre, dans les deux derniers.

Malheureusement, une déperdition s'accomplit de Josaphat à Marcel[1] puisque ce dernier s'enfonce de plus en plus dans la folie. Sans doute est-ce la folie d'un « génie », Michel Tremblay ne craignant pas de reprendre à son compte le lieu commun du génie qui touche à la folie. Mais il l'inverse, et c'est dans le moment où il se rapproche le plus du point de non-retour que Marcel manifeste ses dons avec le plus d'éclat. Sans doute, dans *La Duchesse et le roturier*, l'avons-nous vu jeter la consternation[2] — tel est l'effet du grand talent — chez le marchand de musique ; et dans *Le Premier Quartier de la lune*, il impressionne le frère Martial, titulaire de la classe auxiliaire, par la qualité de ses dessins (p. 820-824). Mais *Un objet de beauté* accorde une place de choix aux inventions de Marcel, faisant de chacune d'elles une section du livre. Elles appartiennent à plusieurs genres différents :

le cinéma (scénario), l'écriture narrative (nouvelle), la peinture (fresque) et la musique (sonatine). Mais d'abord, un petit retour en arrière.

Les chefs-d'œuvre de Marcel

Dans son journal de voyage, immense lettre destinée à la Grosse Femme, Édouard parle d'un scénario de film qu'il imagine pour donner un sens à la vie qu'il mène hors de ses voies habituelles — le voyage en Europe est un rite de passage peu commun et générateur d'angoisse, surtout pour un homme de sa classe sociale. Édouard élabore donc dans sa tête un scénario inspiré, dit-il, de *Life with Father* (p. 653), film de Michael Curtiz[3] effectivement daté de 1947. Le titre que donne Édouard à son « grand chef-d'œuvre immortel » est : *The Sea of Desire*, et il a pour sujet ses amours avec le capitaine du bateau, « rôle qu'aurait normalement tenu Ingrid Bergman qui a eu la gentillesse de se désister au dernier moment » (*Ibid.*). Cette semi-fiction débridée constitue une parade contre la culpabilité, et Édouard joue au fin psychologue pour s'en expliquer à sa belle-sœur :

> Comprenez-vous, j'ai été habitué à gagner le peu que j'avais : j'ai de la difficulté à accepter le superflu qui m'arrive. Je vais donc me réfugier dans un scénario dont j'aurai le total contrôle ; comme ça, qu'il m'arrive n'importe quoi, je pourrai m'en servir sans me laisser toucher. (*Ibid.*)

Le scénario présente donc un lien avec le père, puisqu'il est conçu à partir d'une référence à lui (*Life with Father*) et qu'il intègre la figure autoritaire du capitaine, devenu objet d'amour ; mais aussi, un lien avec la mère vu que le superflu dont jouit Édouard est l'héritage que lui a laissé Victoire, favorisant injustement celui qu'elle avait chassé de la maison peu de temps avant sa mort. Grâce au scénario, Édouard se donne un contrôle total sur sa vie puisque c'est elle qu'il filme et dont il fait le montage, en pensée, et cette vie menée à sa guise est semblable à une espèce de *scène primitive*[4] où père et mère s'uniraient, lui-même se coulant totalement dans le personnage de la mère.

Le film

Ce détour par la vie passionnée d'Édouard nous sert d'introduction au premier « chef-d'œuvre » de Marcel, lui aussi un scénario de film dont la valeur compensatoire ne fait aucun doute. « Au lieu de profiter de ce qui passe on a envie de se cacher derrière une histoire imaginaire pour se protéger de notre complexe d'infériorité » (*Ibid.*), écrivait encore Édouard à la Grosse Femme. Voilà bien ce qui se passe dans le cas de Marcel, qui se joue « le début de tout, sa genèse à lui, qu'il a mis tant de temps à construire et à parfaire, le nœud de toutes les histoires qu'il se raconte [...], l'origine du grand roman dont il est le héros, le premier chapitre, non, l'introduction, le préambule » (p. 988). Roman et film ici se confondent, les caractères formels s'effacent devant l'histoire toute crue, aux allures de *roman familial*[5] freudien. Et la « naissance du héros » — c'est le titre que Marcel donne à cette longue fabulation qui présente une synthèse de ses creuses songeries — commence par des retrouvailles dans un pub londonien, celles du père. On savait que Paul, l'époux détesté d'Albertine et le père de deux enfants, Thérèse et Marcel, s'était enrôlé dans l'armée pendant la guerre et qu'il avait été porté disparu. Marcel, maintenant dans la vingtaine, mais resté « petit garçon dans un corps d'homme » (p. 991 *et passim*), semble avoir profondément souffert de l'absence paternelle, et sa rêverie l'amène à retrouver cet être principiel dans un bar crapuleux, *La Truie qui tète*. La truie est un joyeux symbole de la maternité débordante, mais cette mère est en même temps l'enfant, elle tète. (L'enseigne la montre buvant de la bière.) De même, la Lune du conte de Josaphat était d'abord une enfant dans le sein de la montagne, avant de devenir la Mère au ciel. La truie qui tète cependant ne s'élève pas dans le ciel, elle est matière entièrement vouée à son destin de matière, mère vouée à l'immanence. Comment un père, à cette enseigne, père qui tète lui aussi, saurait-il répondre à l'attente du fils ?

En fait, Marcel n'attend rien de « celui qui va lui raconter sa naissance » (p. 995), sinon des paroles de rejet qui l'autoriseront à assouvir sa vengeance. Affrontement, confrontation, voilà la seule relation possible avec le père. Et pour que confrontation il y ait, le fils doit cacher « qu'il n'est pas vraiment un homme » (p. 995), qu'il n'est qu'un enfant dans un corps d'homme. L'enfant acquerra stature d'homme (adulte ? mâle ?) en s'emparant d'un fouet de cocher suspendu au mur. L'objet phallique devient aussitôt l'instrument de la vengeance : Marcel naît ainsi à la condition de héros. Le héros est essentiellement un vengeur, vengeur de soi et de sa mère, de la famille abandonnée.

Le père justifie amplement la colère vengeresse du fils en étalant brutalement ses griefs égoïstes contre ceux qu'il a lésés. Et Marcel enfin naît, il devient héros en punissant son père. Celui-ci, d'emblée, se confondait avec l'atmosphère déliquescente de *La Truie qui tète*, « alcools de toutes sortes, vêtements et corps mal lavés, bran de scie pas balayé depuis des générations et collants de crachats, humidité malsaine qui colle à la peau immédiatement et brasse dans l'estomac une nausée difficile à contenir » (p. 993), bref tout un magma matériel et physiologique où se terre une vérité à révéler. De ce magma doit surgir le héros, s'élever sa défense et son illustration, s'accomplir sa reconnaissance. Marcel doit naître des décombres de son père, son fouet réduit le vilain géniteur en « pulpe de chair » et « poussière de peau [qui vole] dans l'air confiné de la pièce » (p. 1000). Marcel accède à la grande violence libératrice, accoucheuse de héros :

> La violence ! Enfin ! Il a atteint la violence !
>
> La violence, si bonne, si lumineuse, un baume nouveau, un nouveau remède pour une vieille blessure rendue inguérissable par de trop nombreux remèdes et cataplasmes inefficaces, un état second, une grâce, le nirvana, la sérénité totale qu'il recherche depuis si longtemps !
>
> Son père n'est plus qu'une bouillie informe qui pue l'alcool et la tricherie, mais qu'il continue à frapper encore et encore. [...] Le héros enfin né ! (*Ibid.*)

Allumer la lune, la mettre au ciel était un enfantement de la lumière, un salut aussi, et supposait un arrachement, aussi pénible qu'une naissance, aux puissances de la terre. Marcel accède à sa façon à la grâce ouranienne, à la sérénité totale, grâce à la « violence lumineuse » qui contient en elle-même la vie nouvelle, la naissance à un état second.

Mais cela n'est possible que dans les limites du rêve (ici, le rêve éveillé). Marcel n'écrit pas, ne réalise surtout pas le scénario de son triomphe. Déjà, en pousser l'imagination jusqu'au bout, malgré toutes les embûches que dresse l'infraconscient (appelons ainsi le vaste dispositif psychique qui régit les territoires du subconscient et de l'inconscient), est une victoire — mais purement subjective. La matière, qui oppose sa force d'attraction aux envolées du désir, impose sa loi, fort triviale. Car Marcel, dans son emportement, « a fait dans ses culottes » (*Ibid.*), comme un enfant dont le dressage à la propreté n'est pas terminé. Un enfant dans un corps d'homme — un être débile sous l'enveloppe d'un justicier. La naissance du héros se résout en défécation, en accouchement zéro. La mésaventure rejoint thématiquement la péripétie du déguisement d'Édouard en « bécosses de première classe »

(p. 692), lui qui s'exerçait à renaître en femme du monde. Cependant, Édouard assume sa trivialité, en fait le fondement de sa réussite. Marcel, aux antipodes, se perçoit comme un génie, conçoit des œuvres démesurées, mais leur réalisation lui échappe et il se trouve renfoncé au plus creux de son impuissance.

Il reste à réfléchir un peu sur le recours au scénario de film dans les rêveries de l'oncle et du neveu. Chez Marcel, le film est la première de quatre voies esthétiques utilisées pour réaliser l'état de génie auquel aspire le jeune homme depuis longtemps abandonné des tricoteuses, ses inspiratrices, et menacé par la folie. Le cinéma est certes un art plus problématique que ceux de la tradition classique millénaire ou séculaire, puisqu'il compte relativement peu de véritables réussites et sert habituellement des projets de pur divertissement. Il apparaît comme un art plus facile, plus abordable à certains égards, plus compromis dans la représentation sans distance du réel, que la peinture ou la musique, et c'est sans doute pourquoi il constitue la première étape de la quête de Marcel. Or Édouard, que passionne toute forme de spectacle, est un habitué du cinéma pour le grand public, et il n'est pas tout à fait étonnant de le voir vivre littéralement, pendant un moment de sa traversée vers l'Europe, sous l'œil d'une caméra imaginaire. On peut observer ainsi une continuité entre les systèmes de rêve propres à deux des plus grandes figures des Chroniques, le Pervers et le Fou[6].

Et les deux scénarios se rapportent au père. Mais le Pervers se projette en femme, en Athalie bien maternelle, et veut séduire le père, être possédé par le viril capitaine. *The Sea of Desire*, cette mer du désir, c'est le désir de la mère circonvenant le héros et se réalisant en lui totalement ; le « scénario dont j'aurai le total contrôle » (p. 653) est une pure et simple délectation morose qui n'a pas de compte à rendre à la réalité. Il faut dire qu'Édouard n'a pas été privé de père comme Marcel, du moins de façon aussi radicale, ce qui explique une position fort différente par rapport à l'auteur de ses jours. Mais la différence n'est pas totale, car Victoire a d'emblée éclipsé l'insignifiant Télesphore, « si doux mais si mou » (p. 119), moralement absent, et imposé sa propre loi qui est précisément celle du désir, de l'immanence.

Édouard, identifié à la mère, aime donc le père, ce héros ; il est désir, mer de désir. Marcel, lui, prétend devenir héros en châtiant le père et en le traitant comme une truie qui tète, c'est-à-dire comme une vile mère-enfant enfoncée dans la matérialité absolue, sorte de lune des bas-fonds. Mais qui veut faire l'ange fait la bête, et qui veut faire le héros… fait caca. Marcel devra trouver d'autres moyens de réaliser son ambition démesurée et de se projeter au firmament du génie.

La nouvelle

La deuxième saillie de génie, dans *Un objet de beauté*, survient après que la Grosse Femme, en faisant une faiblesse, a manifesté l'état avancé de sa maladie. Marcel reprend alors « son vieux rêve de sauver sa tante » (p. 1026) et il appelle à la rescousse ses talents littéraires, modelés sur ceux de Gabrielle Roy dont la Grosse Femme est la plus fidèle des lectrices. Née dans l'Ouest, comme son écrivaine préférée, Nana est l'héroïne de cette nouvelle imaginée (et non écrite) intitulée « Cette plaine remplie de mon cœur » (p. 1029) — titre à la fois conforme aux thèmes de Gabrielle Roy et maladroit comme peut l'être la prose du jeune homme (dont le génie souffre de menues lacunes…).

Telle que son neveu l'imagine, Nana est âgée de dix ans et vit avec sa mère, Maria, et sa sœur de douze ans, Béa, au beau milieu de la plaine de Saskatchewan, à Dollard. Ce pays est un enchantement, mais il peut aussi susciter la peur, et la menace du feu de brousse hante la

population, surtout par temps sec. La menace va justement se concrétiser, et c'est le feu qui va *remplir cette
plaine*, non le cœur. À moins que l'un ne symbolise
l'autre ? À vrai dire, le feu est ici totalement négatif, il est
destruction pure, et on ne voit pas très bien quel affect
bienfaisant il pourrait représenter. C'est plutôt le cœur,
l'amour, qui est en péril au même titre que la plaine, et
qu'il faut sauver. L'immense amour de Marcel pour sa
tante Nana est compromis (dans la vie réelle) par les
ravages d'une maladie qui risque de la lui enlever[7]. Le feu
de brousse, c'est le cancer, et il faut intervenir.

   Le récit, attribué à Marcel, n'est pas sans beautés,
d'un type qu'on ne trouverait peut-être pas chez Gabrielle
Roy, comme l'évocation des peurs « horizontale » (de
jour) et « verticale » (de nuit) qui donne beaucoup de
vérité à la couleur locale. Puis vient le feu, en cette écrasante nuit d'été où Nana, dans sa berçante, contemple
l'« immense décor crucifié par la chaleur » (p. 1031).
L'image de la crucifixion contient des indications à la fois
d'élévation et de chute, qui peuvent rappeler Albertine
sur son balcon psalmodiant tout le malheur du monde. Le
pays sera mis à mal, dévasté, mais en même temps *purifié*,
comme le suggère l'étymologie.

   Le feu rappelle la grosse boule rouge qui s'arrache
difficilement à la terre dans le conte de Josaphat. Ici, pas
de mouvement vers le haut mais une invasion de l'horizon,
« splendide dans son habit d'apocalypse » (p. 1035). La
jeune Nana est tentée de se soumettre et d'« attendre que
sa tête flambe, que ses cheveux prennent en feu… »
(p. 1036). La torche humaine est une synthèse entre la
terre, matérielle et froide, représentée par le corps, et la
Lune, devenue la tête ; comme si le ciel était greffé au
corps. Cette image, appliquée à Nana, épouvante Marcel
qui sent obscurément qu'elle servira plutôt d'autres fins :
« Il faut la garder. Pour plus tard. Et pour un autre personnage » (*Ibid.*).

En fait, l'agression par le feu, par les cheveux en feu, la transformation en Lune tragique sera le sort réservé à Albertine, quand Marcel franchira l'ultime pas vers la folie (p. 1170). Albertine se tirera heureusement d'affaire, mais Nana, dans la nouvelle, n'est pas même exposée au danger, il faut éviter qu'elle se métamorphose en lune rousse et brûlante. Un sauveur, en effet, s'amène par « une espèce de trou qui est apparu dans l'atmosphère » (p. 1037), et le valeureux jeune homme n'est nul autre que Marcel, né 26 ans plus tard… Marcel sauve Nana à 10 ans, en 1912, comme il la sauvera « à l'autre bout de sa vie, en 1963 » ; Nana est à la fois la Mère et l'Enfant, la jeune et la vieille, et l'objet de l'amour infini de Marcel puisqu'elle est, de toutes les femmes des *Chroniques*, celle qui correspond le mieux à la Lune qu'il faut toujours respecter.

Le salut, Marcel l'apporte en dirigeant Nana, sa mère et sa sœur vers l'étang qui, au milieu de « l'enfer » (p. 1039), constitue un espace protégé. « Idée géniale » (p. 1040), de s'être réfugié là (conclut un Marcel prompt à l'autoencensement) — ce dont le lecteur n'est pas si sûr puisque l'oasis ne présente même pas le caractère improbable du puits de Dunrea où s'est caché le père de Christine, dans une nouvelle palpitante de *Rue Deschambault*. Mais malgré ses faiblesses — imputables à Marcel, bien sûr! —, la nouvelle fait sens. Elle présente une version du salut qui n'est pas ouranienne — on ne s'évade pas par le haut — mais à fleur de sol, de boue même — l'étang est plein d'une « eau boueuse qui pue mais qui leur semble divine » (p. 1039), qui regorge de sangsues et qui abrite, comme une arche de Noé, un grand nombre d'animaux de la plaine, petits et grands, un véritable « pandémonium » (p. 1040), mot magique par lequel Michel Tremblay décrit, en des endroits stratégiques des *Chroniques*, le « bric-à-brac » ou le « magma » des vivants (humains ou animaux). Salut relatif, donc, qui n'est pas sans rappeler les « bécosses de première classe » d'Édouard, mais la situation rend tolérable ce qui causerait normalement l'inconfort ou le dédain. La scatologie, avec Édouard d'abord puis avec Marcel (à son corps défendant), est de plus en plus liée à la problématique du salut. Ici, on dirait que les puissances chthoniennes deviennent bénéfiques alors que le feu, ouranien, représente le mal. La polarité normale du monde est inversée.

C'est dire que Nana, qui est une enfant, n'a pas encore accédé à la position supérieure qui sera la sienne une fois qu'elle sera bien installée dans son rôle de mère et son identité de Grosse Femme. Pour l'instant, le salut qui lui est dévolu est à fleur de terre, et il lui vient d'un mystérieux voyageur du Temps qui, sa mission terminée, aspire à voler au secours d'autres personnes en détresse. Un vrai héros, en somme. Malgré la névrotique tentation, Marcel n'allume pas la lune virtuelle qu'est la jeune Nana, il la plonge plutôt dans l'eau boueuse et garde ses allumettes, si redoutables, pour les cheveux de la pauvre Albertine. Reportons-nous tout de suite vers cette scène qui clôt *Un objet de beauté*, et peut-être bien les Chroniques.

« La purification par le feu. Une torche. Une torche vivante. Un beau grand feu qui dure longtemps. Un sacrifice qui sera sûrement accepté... où ? par qui ? Peu importe » (p. 1170). Allumer la mère, faire d'elle une Lune c'est-à-dire un objet de rêve, un objet de beauté, quelque chose de pur où toute chair est sacrifiée, voilà le projet de Marcel qui ne s'inquiète même plus d'une autorisation. Il agit pour lui-même, pour la beauté du geste. Il intervient à titre de sauveur de la petite Nana, venu d'un autre temps et en route vers l'imprévisible.

Il met donc le feu aux cheveux gris, « c'est jaune et bleu, ça monte vers la tête de sa mère et quand cette dernière commence à crier, c'est déjà fini » (*Ibid.*). Heureusement, le coup a raté, mais les conséquences seront importantes puisque Marcel sera enfermé, décrété fou, perdu. La goutte qui fait déborder le vase est une...

allumette. Le héros qui allume la Lune vient tout près d'assassiner sa mère.

> Il s'était attendu à un grand feu, à un bûcher sur lequel flamberait pendant longtemps la responsable de tous les maux du Monde, il avait cru avoir le temps de tout lui expliquer, de lui demander pardon, de lui faire comprendre l'inexorabilité de son geste, de sa Geste, de sa Quête, pendant qu'elle payerait pour tout ce qu'elle avait fait, mais tout est terminé avant même d'avoir commencé !
>
> Il reste immobile au milieu de la chambre pendant qu'autour de lui éclate le pandémonium. Albertine hurle, le frappe, l'insulte [...] Tout le monde crie ! [...] Ça n'a pas marché ! Rien n'a marché. Comme d'habitude. (*Ibid.*)

Malgré ses études on ne peut plus irrégulières, Marcel est bien le fils intellectuel des années soixante, ce Marcel qui parle de sa Geste, de sa Quête comme s'il avait ingurgité les études de symbolique de l'époque, celles de Mircea Eliade en particulier, ou les ouvrages qui font référence au Moyen-Âge, aux romans de Chrétien de Troyes, au Graal. C'est à l'aide de cette conscience mythopoétique de soi que, contrairement à un Édouard qui reste toujours bien conscient des réalités les plus plates et ne s'élève au-dessus d'elles que par la parodie, Marcel perd finalement le contact avec le réel. Sa folie fait qu'il habite le Rêve, non pas à la façon de la Grosse Femme qui, dans certains moments de grâce, atteint à la sérénité aimante et lumineuse, mais à la façon beaucoup plus dysphorique des voyageurs «paquetés aux as» de la chasse-galerie, dont le canot est voué à s'écraser contre le réel. Et une fois que le choc s'est produit, le «pandémonium» éclate autour de lui — le mot vient tout droit (ou presque) du *Paradis perdu* de Milton et connote en effet la perte, dans les parages de l'enfer, de toute sérénité et de tout équilibre. Marcel est fichu. Sa mère avait proféré, du haut du balcon, le soliloque de « la tragique ». Le jeune homme devient, bien plus essentiellement encore, l'incarnation de la tragédie :

> il ouvre la bouche toute grande et son incommensurable douleur se manifeste en un seul cri, lancé sur une seule note, à peine interrompu quand il respire, une plainte si désespérée que tout le monde fige dans la chambre d'Albertine. Un masque de tragédie hurle devant eux ; la bouche est parfaitement ronde, les yeux, globuleux, sont fixes et fous, le front est tout plissé. Et ce qui sort de ce masque de douleur vous arrache l'âme. (*Ibid.*)

Voilà ce qui se passe, à la fin d'*Un objet de beauté*, voilà le roman devenu tragédie au même titre que le théâtre du même auteur. Marcel est comme troué et arrondi par la douleur, lune macabre qui, à vouloir sauver les autres, s'est perdue irrémédiablement.

Mais revenons en arrière, vers les expériences du peintre et du musicien fictifs qui nous renseigneront elles aussi sur la Quête et la Geste du personnage.

La fresque

Dans les deux premières « aventures » esthétiques de la journée (le mot est utilisé, p. 1071), Marcel manifeste des dons pour le cinéma et la littérature, mais peut-être pas une grande originalité puisque son style s'inspire d'innombrables films anglais et américains vus au cinéma ou à la télévision, ou de l'œuvre de « madame Gabrielle Roy » (p. 1027) à qui il voue la même vénération que sa tante Nana. Dans la « troisième aventure de la journée » (p. 1071), la situation change du tout au tout puisque, loin d'être dans la position de l'imitateur (qui n'est pas sans rappeler celle d'Édouard par rapport aux vedettes ou aux personnages de roman qu'il parodie), Marcel est le grand génie précurseur, et les gloires prétendues du Quattrocento, en particulier ce Buonarotti mieux connu sous le nom de Michel-Ange, sont des nains et des plagiaires qui lui doivent tout[8] ! La mégalomanie de Marcel atteint tout son éclat dans cet épisode où, rêvant devant un magnifique album d'art qu'il a dérobé à la Bibliothèque municipale, il se projette dans le personnage de Marcello del Plato Monte Royale et s'attribue le mérite du « Jugement dernier » de la chapelle Sixtine — non pas celui, si médiocre (!), qui nous est parvenu, mais l'autre, en-dessous, réalisé par « le Marcello » et recouvert par Michel-Ange à la demande du pape, que tant de vérité esthétique et humaine épouvantait.

Des dons artistiques sans pareils, voilà ce que Marcel, qui faisait preuve de grands talents pour le dessin quand il était à l'école, s'attribue ici. Fort bien. Mais il n'y a pas que les dons, il y a l'érudition aussi, et l'on retrouve, dans ces rêveries de Marcel, les traces de la boulimie de connaissances dans les divers arts dont Michel Tremblay lui-même fait preuve dans ses récits d'apprentissage autobiographiques que sont *Les Vues animées* (cinéma), *Douze Coups de théâtre* (seul genre que Marcel n'aborde pas) et *Un ange cornu avec des ailes de tôle* (littérature). Tout « idiot »[9] qu'il soit, Marcel possède une culture sauvage, sans doute, mais étonnamment précise, dont il use avec intelligence, ce qui fait de lui à l'occasion un rival de l'auteur sur la scène de la narration. On peut évidemment juger invraisemblables les compétences de Marcel : le sont-elles plus que les personnages des tricoteuses ?

Marcel, dans cette rêverie sur *Le Jugement dernier*, est donc le peintre, le « Marcello », père du Quattrocento et maître de Michel-Ange lui-même qui le plagiera bassement et qui transformera en palimpseste son incroyable chef-d'œuvre. Mais il est aussi le sujet représenté. Le Héros, ce Dieu de Justice qui condamne les pêcheurs au feu éternel, qui est entouré de quelques-uns de ses proches, c'est encore Marcel qui se projette, sur la fresque telle qu'il la reconstruit, avec tout son entourage. On peut donc affirmer que l'œuvre du Marcello est elle-même un palimpseste sous lequel se cache la vérité ou, si l'on préfère, l'histoire du jeune homme. Mais c'est le lecteur qui est amené à découvrir, grâce à des indices transparents, par exemple les noms (Albertina, Nana, Teresa…), le contenu montréalais sous les apparences vaticanes.

Le Jugement dernier, avec sa connotation apocalyptique, est donc comme le résumé de l'histoire de Marcel, tout en se donnant pour le résumé de l'histoire du monde. Et au centre de l'histoire personnelle, la relation avec le père, si présente au cours de la première « aventure », se traduit par la présence d'un homme vaincu et qui attend son châtiment (p. 1079). Le père du Héros inspire le dégoût parce que sa punition est méritée, et le contemplateur de la fresque, loin de le plaindre, passe à autre chose et l'oublie complètement (p. 1080). C'est dire que le rejet le plus absolu est le seul destin possible pour le père, fût-il celui du Héros et du Dieu. Notons d'ailleurs que le Héros est présenté essentiellement comme un justicier : il fouettait à mort son père dans un pub de Londres, il condamne au feu éternel tous ceux qui l'ont méconnu ou bafoué. Et c'est particulièrement à propos de son père qu'il manifeste sa nature de justicier, comme si tous les autres châtiments dérivaient de cette sainte vengeance.

Il serait trop long d'analyser dans tous ses détails le brillant morceau que constitue la déconstruction du chef-d'œuvre de Michel-Ange au profit de celui du « Marcello ». Je retiendrai toutefois les éléments qui se rapportent le plus directement à la thématique de la construction du Rêve.

Le point de départ étant Michel-Ange, il est normal que la couche visible du palimpseste corresponde au *négatif*, à partir duquel Marcel fera apparaître le Véritablement Beau qui est caché — tout comme, dans le conte de Josaphat, on passe de la grosse boule prisonnière des flancs de la montagne à la lune resplendissante en plein ciel. Il y a donc, dans le point de départ, du magma, du chaos :

> Regardez bien ce fatras, cette confusion de corps agglutinés à la gestuelle affectée et bouffonne, cette composition déséquilibrée qui en fait une ribambelle de tableaux différents au lieu d'un tout complet d'une seule venue ; étudiez le ciel spongieux qui n'a rien de transparent et qu'on dirait poussiéreux, le débalancement du côté gauche par rapport au côté droit (on jurerait que le mur complet va pencher vers la droite tant la foule y est compacte, les personnages indifférenciables et trop nombreux) et ce petit coin d'enfer, en bas à droite, qui n'a jamais fait peur à personne. C'est ça que vous appelez un grand chef-d'œuvre ? (p. 1076)

Le ton doctoral de Marcel, promu narrateur (il cumule donc toutes les positions de maîtrise : peintre génial, Héros-Dieu, et même *auteur*), s'exerce au détriment de l'usurpateur tout comme, nous l'avons vu, le Héros se fera le justicier de son indigne père. Or, dans la fresque de Michel-Ange, le personnage qui correspond au père tient à la main la peau d'un homme vidé de sa chair et de ses os et il s'agirait du peintre lui-même, d'un « autoportrait dicté par la culpabilité d'avoir accepté de me remplacer, de saccager mon œuvre pour la recouvrir de la sienne et non pas, comme on l'a supposé, une preuve d'humilité et de modestie devant la Grandeur de Dieu » (p. 1080). En somme, le père justement humilié tient dans sa main l'enveloppe de l'auteur du palimpseste, humilié lui aussi. Et quoi de plus humiliant que d'être réduit à sa seule peau — cette peau *détachée* qui volait « dans l'air confiné de la pièce » quand, dans le pub de *La Truie qui tète*[10], le Héros « fouettait son père à mort » (p. 1000) ? Même si Michel-Ange apparaît comme le fils artistique dégénéré du Marcello, il manifeste la même indignité que le père, sans doute parce qu'il a usurpé la paternité d'une œuvre qui n'est pas la sienne, tout en la déformant, en l'avilissant.

Et l'avilissement commence par l'accumulation des corps, de la matière, et la multiplicité des scènes impossibles à subsumer en une seule organisation. Le déséquilibre aussi, et l'inexactitude de la représentation (enfer ridicule). Tous ces traits désignent un «baroquisme» effectivement présent chez Michel-Ange, et qui rappelle, dans le cadre des Chroniques, celui que nous avons vu amplement associé au projet de vie d'Édouard, qui s'en servait pour arriver à ses fins discutables. Le Marcello fait apparaître, sous l'œuvre du rival, une composition harmonieuse centrée sur *sa* personne à lui, et peuplée des figures de sa propre histoire, l'une et les autres transposées en réalités idéales.

C'est un résumé de sa vie que propose Marcel à travers les êtres représentés, disposés en groupes petits ou grands. On retrouve, par exemple, à côté des proches, la faune de la *Main* (p. 1083), et quatre petits personnages très denses, qui ressemblent à des clous fixant la fresque au milieu des quatre côtés. Ils représentent les figures tutélaires des tricoteuses, elles qui sont les protectrices et les éducatrices du Héros, l'ayant initié à la Vie et aux Arts (p. 1085). Décrites après toutes les autres, ces femmes sont l'envers idéal des personnages précédemment décrits, et elles assurent au Héros « Rédemption et Salut » (p. 1086) — comme si, curieusement, il n'était pas lui-même le principe de son salut, bien qu'il soit Dieu. Pour parodier le titre d'un vieux film de Jean Delannoy, *Dieu a besoin des hommes*, disons que le Héros-Dieu a besoin des tricoteuses...

Quoi qu'il en soit de cette théologie, le *Jugement* du Marcello comporte une dynamique ascendante vers l'idéal, et son auteur imagine, à la fin, la disparition de tous les êtres qui l'encombrent de leur matérialité, seul étant retenu l'essentiel :

Quand il ne restera plus personne dans le tableau, après l'anecdote qu'il raconte, quand tous les damnés auront été jetés aux flammes, quand la Zia Nana ne sera plus, qu'Albertina elle aussi aura disparu, quand le quatuor de gauche[11] se sera consumé dans un tragique au bord du ridicule parce que, à bien y penser, le tragique est toujours un peu ridicule, quand, enfin, le Père du Héros aura payé le prix de la lâcheté et de l'abandon, il ne restera plus, sur cette fresque, que le Héros en majesté, les quatre clous et le panier à chat sur un fond de ciel d'une telle magnificence qu'aucun regard humain n'en sera digne. Un ciel cloué par quatre femmes au savoir infini et habité par le Héros et son chat. (p. 1087)

Le Héros et son chat, c'est-à-dire Marcel et Duplessis, au milieu du ciel comme une seule boule de tendresse et de Rêve.

Et tout le reste autour est disparu, consumé. Dans l'univers de Marcel, il n'y a plus de place pour la réalité. La tante Nana, qu'il avait voulu sauver du grand feu de brousse (de la maladie), finira elle aussi par succomber. Marcel se retrouve seul, en plein ciel, avec son délire.

Le récital

La quatrième et dernière « aventure » de cette journée de mars 1963 (journée dont le récit occupe à lui seul les quatre cinquièmes de ce roman considérable) constitue un sommet, un achèvement aussi, après quoi l'on passe du « printemps de toutes les promesses » à « l'automne de toutes les détresses », celui-ci étant, bien entendu, programmé par celui-là. C'est ainsi que l'épisode (rêvé) du feu de brousse prépare celui du feu dans la chevelure d'Albertine.

Le quatrième rêve de grandeur de Marcel fait de lui l'interprète, lors de l'inauguration de la Place des Arts, de la *Sonatine à la lulune,* devant trois mille personnes réunies pour entendre le prodige du piano issu du Plateau Mont-Royal et déjà célèbre dans le monde entier! Marcel manifeste là la vocation que les tricoteuses ont éveillée en lui dès son tout jeune âge, à l'époque où il taquinait ses Muses en déformant le titre du chef-d'œuvre de Beethoven. Après un titre comme *Le Jugement dernier, Sonatine à la lulune* comporte une évidente régression, qui annonce l'imminente catastrophe de la folie. Mais l'élan vers l'idéal atteindra d'abord sa pleine intensité, et la Lune est nommément au bout de l'aventure.

Marcel, couché dans son lit aux côtés d'Albertine assommée par les médicaments, fait surgir l'accomplissement esthétique sur le plan sonore à partir de sensations lumineuses de toutes les couleurs.

> Il ferme les yeux très fort, se laisse bercer par les taches de couleurs qui flottent dans le vide, du rouge, surtout, mais aussi du bleu et un peu de vert. Des taches rondes, des taches ovales, des globes à l'arête lumineuse qui se déplacent quand il bouge les yeux sous ses paupières. [...] une ronde folle tourne autour de sa tête, un étourdissant anneau de lumière l'encercle [puis] les globes se mettent à bouger plus lentement, flottent paresseusement, pour enfin venir se fixer au milieu de son champ de vision, planètes immobiles aux couleurs sans cesse changeantes. (p. 1105-1106)

Prélude visuel à la musique. Cette fête de phosphènes comporte déjà toute une orientation. D'abord, le clair de lune est traduit d'avance en une féerie chromatique et géométrique d'une grande beauté, où la multiplicité, le changement, la mobilité des éléments tendent à l'unification. L'étourdissant anneau de lumière est à la fois une lune et une auréole. Puis tout se fixe devant les yeux, les couleurs seules restant changeantes. La dimension abstraite de cette rêverie, composée de sensations pures, fait d'elle déjà une musique, c'est-à-dire la représentation d'un infini.

Vient ensuite la prestation du maître. Marcel « paraît côté jardin, petite silhouette timide dans cette tempête de bruit » (p. 1108) des applaudissements. Autre Tino Rossi... On pourrait superposer le récital du ténorino, celui (improvisé) de Marcel chez le marchand de musique et son récital (imaginé) à la salle Wilfrid-Pelletier. Toujours la multiplicité précédant l'unité, l'unicité. Par exemple, la *Sonate à la lune* se détache, au passé, des « centaines et des centaines de partitions toutes mouchetées » (p. 1109) — le bric-à-brac du répertoire — que contenait le banc de piano des tricoteuses. Et l'interprétation qu'en donne Marcel est « différente de toutes les autres » (*Ibid.*), puisque les autres virtuoses ne s'impliquent pas dans leur jeu. Marcel est emporté par une émotion fondamentale et « tout disparaît autour de lui », il se voit projeté avec son instrument dans le ciel de Montréal, non, dans le vide, « dans le grand vide universel, dans la soupe originelle qui remonte à toujours et redescend vers jamais » (*Ibid.*). La lune en plein ciel ne suffit plus, il faut l'univers et l'œuf des origines, dans un espace sans direction. Être la Lune, c'est donc, là encore, être l'Enfant et sa Mère à la fois. La dimension enfant est déterminée par la présence de deux instances tutélaires : « le dieu de la Musique » qui pourrait correspondre à Beethoven, auteur de la divine sonate[12], « et l'autre, celui à qui toute sa famille en veut. Avec raison » (*Ibid.*), c'est-à-dire Paul, le père indigne. Le texte ne précise pas l'identité de ces « deux dieux qui le regardent avec tendresse » (*Ibid.*), mais l'on voit qu'il s'agit de pères (fictifs, bien sûr) qui sont des mères en même temps, qui allient tendresse et autorité. N'était-ce pas le fait de la Lune de Josaphat qui, mère d'abord, était aussi un phare dans la nuit et l'objet du respect universel ?

Au-dessus de la musique qu'il joue flotte la lune : « elle est pleine, bien sûr, réputée vierge [...] et froide »

(p. 1110). *Pleine* renvoie à la fécondité maternelle[13], *vierge* rappelle plutôt l'intégrité enfantine, et *froide*... Si ce caractère est le fait de la lune, ce n'est pas celui de la musique qui lui est consacrée et qui « est tout sauf froide » (*Ibid.*). Mais on réfléchit tout de même au fait que, en ce point extrême des Chroniques, la tante Nana, qui a été associée d'emblée à la Lune évoquée par Josaphat, gravement atteinte par la maladie, a perdu cette capacité de rayonnement chaleureux qui la distinguait entre toutes. Par ailleurs, Marcel souhaiterait trouver auprès de sa mère, Albertine, la compréhension et la sympathie, la tendresse qu'il ne trouvait qu'auprès de sa tante : en ce sens, mettre le feu à ses cheveux, c'est bien allumer la Lune, faire advenir l'instance tutélaire de bonté qui lui a toujours manqué.

Marcel, par son interprétation, s'appliquant à donner vie et chaleur à la musique divine sous l'œil souriant des deux dieux, Beethoven et son père, quand dort à ses côtés Albertine assommée par ses médicaments, n'est-ce pas la tentative ultime de reconstituer la famille selon un ordre idéal dont la musique la plus inspirée détiendrait le secret ? N'est-ce pas le rêve de provoquer la rencontre et l'entente entre les dieux et la lune, l'ordre masculin et l'ordre féminin, par l'action du Héros, homme et enfant, se sauvant lui-même et sauvant tout l'univers ?

Ce que Marcel découvre, au bout de sa sonatine déroulée « comme une lulune qui grimpe vers le zénith [puis qui] redescend vers l'horizon » (*Ibid.*), c'est qu'il est un Héros et un Dieu puisqu'il a sauvé, temporairement du moins, sa tante Nana de la mort. Il a accompli ce miracle. « Il a fêté son premier vrai miracle, seul au milieu du cosmos en compagnie de Beethoven » (p. 1111). Marcel n'accède à la transcendance que s'il est agréé par une autorité suprême, comme l'enfant de la Grosse Femme ne conçoit l'exercice de ses dons créateurs qu'en référence avec le génie de son cousin.

Marcel sauve donc Nana, qui est une Lune exemplaire, en se faisant Lune lui-même, et l'unité du tissu romanesque des Chroniques est attestée par le rappel discret de l'« histoire de lulune » racontée à Marcel par son grand-oncle Josaphat « quand il était très petit » (p. 1110). Mais la rêverie de Marcel est totalement détachée du réel, donc susceptible de se substituer à lui. Elle est un « mensonge », comme le lui a déjà expliqué la Grosse Femme (voir p. 543). Le salut, l'être-Dieu est un mensonge. Ce qu'il y a de joie, de printemps, de promesses dans ce monde est une illusion, et l'abrupte réalité s'appliquera à les débâtir, jusqu'à faire de Marcel, mauvais Prométhée, le semeur de feu tout juste bon à mettre en cage.

■ ■ ■

On parle volontiers de l'absence ou du peu de présence des hommes dans l'œuvre de Michel Tremblay, et j'aurai l'occasion de préciser les contours de cette particularité. Mais il faut reconnaître la position stratégique fondamentale des « allumeurs de lune » que sont, chacun à sa façon, Josaphat, Édouard et Marcel, qui vivent tous les trois un rapport privilégié à la Mère. Josaphat est épris depuis toujours de sa sœur Victoire, qui l'a élevé depuis sa naissance, Édouard voue à la même Victoire une affection démesurée qui se retourne souvent en colère, tant la brave maman, un tantinet sorcière, cherche — pour son bien — à la décourager ; et Marcel, privé de père, voudrait concilier l'impossible amour qui le dévore avec une soif de merveilleux qu'Albertine ne peut ni comprendre, ni accepter.

Tournons-nous maintenant vers la face visible de la lune, où s'impriment et se succèdent les mille et un visages de la femme.

► **NOTES**

1   Il ne faut pas faire pour autant, de Josaphat, un être idéal et irréprochable. « Allumeur de lune », certes, il l'est mieux que tout autre, étant le détenteur des vérités du pays et d'une certaine intégrité morale. Mais sa fille, Laura Cadieux, a sans doute raison de se plaindre de son irresponsabilité (voir p. 172), et l'auteur lui-même affirme : « Josaphat a beau être un excellent conteur d'histoires, c'est un lâche terrible. Il n'a rien fait de sa vie. Toujours ivre, il récitait des poèmes à la lune » (*Pièces à conviction*, p. 133). L'ivrognerie de Josaphat, révélée ici, fait de lui un homme de chasse-galerie, au même titre que Teddy Bear Brown… Les contraires se touchent.

2   En tout cas, chez Albertine ! Mais l'admiration des personnes présentes, gens pincés, n'est pas dépourvue d'arrière-pensées sur le « génie né de la crotte qu'il faudrait encourager malgré tout, encore ! » (p. 519).

3   Intitulé *Mon Père et nous* en français, le film est qualifié d'« insignifiante comédie » dans le *Guide des films* de Jean Tulard, tome II, Paris, Robert Laffont, 1990, p. 216. Curtiz est cependant considéré comme un cinéaste important, et la distribution comprend Elizabeth Taylor.

4   Ou scène originaire, dans le langage de la psychanalyse : « Scène de rapport sexuel entre les parents, observée ou supposée d'après certains indices et fantasmée par l'enfant. Elle est généralement interprétée par celui-ci comme un acte de violence de la part du père. » — J. Laplanche et J.B. Pontalis, *Vocabulaire de la psychanalyse*, Paris, Les Presses universitaires de France, 1971, p. 432.

5   « Expression créée par Freud pour désigner des fantasmes par lesquels le sujet modifie imaginairement ses liens avec ses parents (imaginant, par exemple, qu'il est un enfant trouvé). De tels fantasmes trouvent leur fondement dans le complexe d'Œdipe. » — J. Laplanche et J.B. Pontalis, *op. cit.*, p. 427.

6   Lesquels forment un mini-paradigme avec le Poète (Josaphat) : le paradigme des allumeurs de Lune. L'enfant de la Grosse Femme, cousin et ami de Marcel, cherchera sa posture propre quelque part entre les trois figures.

7   Cette maladie, la chose est à signaler, est une « maladie de femme » (p. 1016) qui s'en prend au principe même de la maternité physiologique que la Grosse Femme a incarné par-dessus tout, elle qui, à quarante ans, a affronté la réprobation du quartier pour avoir un autre enfant.

8   Un plagiaire, tel était aussi l'enfant de la Grosse Femme à l'égard de Marcel, dans *Le Premier Quartier de la lune*. « Il y avait peut-être un moyen de piller Marcel sans pour autant prendre sa place. Il lui

suffisait d'écouter son cousin, de le faire parler même, de provoquer ses confidences, de tout enregistrer dans sa tête... et de s'en servir, après. Il lui suffisait de signer les rêves de quelqu'un d'autre pour qu'on croie qu'ils étaient les siens » (p. 897). L'enfant de la Grosse Femme n'étant *nul autre* que l'auteur, Marcel apparaît — et pas seulement à travers sa propre perception de soi — comme la source absolue du talent, c'est-à-dire du Rêve.

9   Un idiot qui pourrait rappeler, à certains égards, le prince Muichkine, de Dostoïevski, épileptique lui aussi. (Dans les Chroniques, en filigrane, on sent courir les grandes inspirations romanesques des deux derniers siècles : Dostoïevski, Proust, Gabriel Garcia Marquez...)

10   *La Truie qui tète* est aussi le nom du petit hôtel où s'installe le Marcello pour réaliser la commande que lui a passée Jules II (p. 1077).

11   Il s'agit, sous des déguisements italiens, de Thérèse, de sa fille Johanne, de Gérard son mari et de Bec-de-Lièvre, amante de Thérèse.

12   À la page suivante, le narrateur évoque « Lui, le Dieu, celui qui a composé cette suite géniale de sons à la beauté presque insupportable » (p. 1110).

13   Et s'oppose au « premier quartier de la lune » qui flotte sur les velléités de réalisation de soi de l'enfant de la Grosse Femme, dans le tome précédent des Chroniques. Marcel, dans son délire, atteint un absolu égal à la totale présence maternelle, alors que son cousin, sans génie, plus modeste aussi, se contente d'un succès partiel, mais réel.

CHAPITRE SIX

Le romanesque au féminin

Prenons les choses au début, c'est-à-dire dès le premier livre qui a lancé l'entreprise des Chroniques et qui est resté comme leur emblème, peut-être parce que les personnages y sont saisis dans toute leur fraîcheur et n'ont pas encore amorcé leur course vers l'abîme. Ou, du moins, pas au point de compromettre l'harmonie qui s'exprime dans son chant final, « Le Temps des cerises », qui dit le temps de vivre et d'aimer. Le temps, aussi, de donner la vie, tâche à laquelle s'emploient plusieurs jeunes femmes... et une moins jeune.

Un monde en gestation

La Grosse Femme d'à côté est enceinte — le titre, qui forme une phrase complète, est gros, encombrant même, débordant comme la Grosse Femme — raconte une journée dans la vie d'une famille et d'un quartier de l'est de Montréal. Des nombreux personnages qui nous sont présentés, certains sont plus importants que d'autres mais aucun ne se détache assez pour constituer *le* personnage principal. Le titre, bien entendu, pointe vers la Grosse Femme, mais celle-ci, dans la narration (l'action du roman), n'occupe certainement pas une place privilégiée. C'est du point de vue thématique que la Grosse Femme est importante ; elle incarne l'archétype maternel, elle qui, à la fin du livre, nous est montrée comme la mère symbolique de six femmes enceintes, la mère des mères (voir p. 186).

Le 2 mai 1942, cette journée qui nous est racontée, est la première vraie journée du printemps. C'est donc un temps de l'éclosion, de jaillissement vital, un moment où la nature devient soudain exubérante et amicale, accueillante pour les humains (voir p. 40). Dans ce contexte, l'évocation de nombreuses maternités imminentes, notamment celles des trois filles de Rita Guérin : Gabrielle Jodoin, Germaine Lauzon et Rose Ouimet (personnages de la pièce *Les Belles-Sœurs*), crée un rapport de symbolisation réciproque entre la nature et les humains. La nature devient humaine, les humains deviennent nature, printemps.

Dans ce roman comme dans les œuvres de Tremblay en général, les femmes dominent et elles le font pour deux raisons : parce que les hommes sont généralement des pleutres, des moitiés d'êtres et qu'ils ne représentent aucunement une concurrence (nous y reviendrons) ; mais aussi et surtout parce qu'elles sont mères ou qu'elles vont le devenir, et qu'être mère, c'est participer du grand mouvement d'affirmation de la vie, c'est se rattacher au grand cycle de la nature qui se renouvelle inlassablement. La mère en tant que mère est toute-puissante parce qu'elle donne la vie, ce qui la met en rapport essentiel avec la Nature et ses grands cycles.

Le cycle cosmique est évoqué en particulier à travers les phases de la durée représentée dans le roman : une journée complète, depuis le lever du soleil jusqu'à la nuit. Et c'est assez tard, le soir, que les femmes enceintes se regroupent autour de la Grosse Femme, elles qui sont presque parvenues au terme de leur grossesse. La conclusion du livre correspond donc à celle de la journée (cycle cosmique bref) et, symboliquement, à celle de la gestation (cycle biologique long). C'est aussi la fin de la peur (équivalent d'un cycle, sur le plan psychologique) puisque la Grosse Femme, qui a l'expérience des accouchements, va expliquer à ses jeunes voisines ce qui les attend. La journée se termine donc sur un point d'orgue et sur l'espoir d'un renouveau, d'une délivrance.

Rappelons que l'année où Michel Tremblay situe l'action de son roman, est celle même de sa naissance (il est né le 25 juin 1942), et qu'elle correspond en gros à l'époque de la jeunesse de ses personnages favoris, que ses pièces nous montrent environ 25 ans plus tard, souvent au moment de leur ultime déclin. C'est dire le caractère printanier, « auroral » des romans, même si le drame y est déjà présent. Ce caractère est particulièrement marqué dans *La Grosse Femme*, qui inaugure la série. Le livre est vraiment *gros* de tout un monde, qui s'affirmera dans la joie.

Les Parques locales

La thématique de l'enfantement, qui rejoint les motifs du printemps et des grands cycles naturels, constitue une première couche de symbolisme dans le roman. Mais il y en a une autre, qui n'est plus liée à la dimension quotidienne, réaliste, mais à une dimension merveilleuse, représentée principalement par les tricoteuses.

Cette dimension merveilleuse suppose un fantastique non réductible à des phénomènes explicables, rationnels. Tzvetan Todorov, dans son *Introduction à la littérature fantastique*, définit le merveilleux par opposition à l'étrange, tous les deux étant des modalités, ou plutôt des tendances, du fantastique, lequel s'abolit en l'un ou en l'autre :

Le fantastique [...] ne dure que le temps d'une hésitation : hésitation commune au lecteur et au personnage, qui doivent décider si ce qu'ils perçoivent relève ou non de la « réalité », telle qu'elle existe pour l'opinion commune. À la fin de l'histoire, le lecteur, sinon le personnage, prend toutefois une décision, il opte pour l'une ou l'autre solution, et par là même sort du fantastique. S'il décide que les lois de la réalité demeurent intactes et permettent d'expliquer les phénomènes décrits, nous disons que l'œuvre relève d'un autre genre : l'étrange. Si, au contraire, il décide qu'on doit admettre de nouvelles lois de la nature, par lesquelles le phénomène peut être expliqué, nous entrons dans le genre du merveilleux.

Le fantastique mène donc une vie pleine de dangers, et peut s'évanouir à tout instant. Il paraît se placer plutôt à la limite de deux genres, le merveilleux et l'étrange, qu'être un genre autonome.

(*Introduction à la littérature fantastique*, Paris, Larousse, 1970, p. 46.)

Dès le début du roman, le lecteur est accueilli par un groupe de personnages très curieux, Violette, Mauve, Rose, puis leur mère Florence. Elles se tiennent sur le balcon du rez-de-chaussée de la maison voisine de celle où habitent la Grosse Femme et la famille de Victoire. Violette, Mauve, Rose et Florence sont des esprits, visibles seulement pour les chats et (parfois) les fous (p. 65). Êtres surnaturels, donc. Et seulement des femmes : une mère et ses trois filles. Structure familiale qui semble plaire beaucoup à Michel Tremblay. On pense ici à Rita Guérin et à ses trois filles enceintes, les mêmes qui sont au centre de la première pièce jouée de Michel Tremblay, *Les Belles-Sœurs*, dont la distribution est entièrement féminine[1].

Violette, Rose, Mauve et leur mère, Florence, sont invisibles, mais elles voient tout, de leur balcon. Elles sont les témoins attentifs de tout ce qui se passe en public (dans la rue). Privilège qu'elles partagent, du reste, avec un personnage bien humain, bien réaliste, cette Marie-Sylvia qui tient un « restaurant » : depuis son comptoir, « elle guettait. Elle voyait tout et, d'après les allées et venues des voisins, pouvait interpréter leurs humeurs, leurs journées, leurs vies » (p. 15 ; voir aussi p. 132). Marie-Sylvia est le premier personnage qui apparaît après les trois vieilles filles et leur mère, et elle prend en quelque sorte leur relais sur le plan de la réalité, étant comme elles un pur témoin et, d'une certaine façon, un délégué de l'auteur sur la scène de la représentation narrative. En effet, comme l'auteur, elle voit tout et elle est invisible. Elle interprète les gestes des autres, remonte des apparences à la signification, tout comme l'auteur fait faire au lecteur le trajet qui mène du paraître à l'être, de l'énigme qu'est la fiction à la *vérité* du texte.

Or les trois vieilles filles et leur mère, non seulement assistent au spectacle de la vie, mais interviennent dans le déroulement des événements, ce qui les rend encore plus proches de l'auteur (ce dernier, cependant, les surpasse sur leur propre terrain par ses pouvoirs divinatoires, lui qui relève les erreurs de Florence incapable de prévoir le destin de Béatrice : voir p. 71).

Les trois vieilles filles, donc, interviennent. Ce sont des êtres dynamiques, elles s'activent, tricotent des chaussons (des « pattes ») pour les bébés des femmes enceintes. Mais voilà que Violette s'égare et qu'elle fait une patte complètement fermée. Il s'ensuit que Duplessis, le chat de Marie-Sylvia, est presque tué [2] dans son combat avec le chien Godbout ; mais aussi, et surtout, que Ti-Lou, la louve d'Ottawa, prostituée à la retraite, se donne la mort (p. 161). C'est dire que les vieilles filles sont l'équivalent des Parques de la mythologie romaine ou, pour remonter à la mythologie grecque, des Moires. Le *Petit Robert des noms propres* définit ainsi ces dernières :

Divinités grecques du Destin, identifiées avec les Parques des Romains. À l'origine une abstraction, la *moira* (« la part ») de la vie pour chacun, a évolué en une Moira universelle. Plus tard, celle-ci fut supplantée par trois Moires, filles de la Nuit ou de Zeus et de Thémis (Hésiode [3]), et ces fileuses s'occupent du fil de la vie de chaque être humain. *Clotho* tient la quenouille et file la destinée au moment de la naissance. *Lachésis* tourne le fuseau et enroule le fil de l'existence, *Atropos* coupe le fil et détermine la mort.

Il existe une version germanique des Moires et des Parques : les Nornes, que la même source définit comme «divinités du destin. Ce sont trois femmes : Urd (connaissant le passé), Wertandi (le présent), Skuld (l'avenir)» (*Ibid.*).

La naissance, la vie, la mort sont représentées, avec sans doute moins de précision que dans les mythologies antiques, par les tricoteuses, ces trois divinités du Destin supervisées par une mère qui est un peu comme la Moira primitive, antérieure aux moiras particulières. On peut dire que Florence est le *radical* dont ses filles seraient les suffixes : elle est la fleur (Florence), et Violette, Rose et Mauve, qui sont non seulement des couleurs, mais aussi des noms de fleurs, lui sont subordonnées comme la variété est subordonnée à l'espèce ou l'espèce au genre. Tout ce symbolisme floral rejoint d'ailleurs celui du printemps et de la nature en fête, dont nous sommes partis. Quant à la spécialisation des divinités du destin, elle est suggérée par la gamme des teintes, qui va du rose au violet, du clair au sombre, de la vie à la mort. C'est Violette, au bout le plus obscur du spectre, qui accumule les gaffes et déclenche les catastrophes.

Les tricoteuses, dans *La Grosse Femme*, ont certainement une dimension mythologique, par conséquent universelle, et pourtant elles sont des Moires bien de chez nous. Il y a là un savoureux paradoxe. Les Moires (ou les Parques) n'appartiennent pas au bagage culturel des Québécois de milieu populaire. Michel Tremblay, qui affectionne le théâtre grec et connaît donc la mythologie antique, a eu cette idée magnifique de créer des divinités

du destin sous des traits tout à fait locaux, dont le particularisme, le « provincialisme » peuvent rappeler des figures
familières. Des sœurs vieilles filles, cela existe dans la
mythologie populaire, surtout en province : on pense aux
tantes vieilles filles de *Kamouraska*, d'Anne Hébert ; ou
aux quatre vieilles filles d'un roman français qui a connu
beaucoup de succès au Québec, *Ces Dames au chapeau
vert*, de Germaine Acremant (1921). Les tricoteuses de
Tremblay rappellent tout aussi bien, cependant, quoique
sur un mode infiniment moins tragique, le trio des sorcières de *Macbeth*, trois vieilles femmes repoussantes qui
prédisent l'avenir — un avenir désastreux.

Le paradoxe des « esprits » de la rue Fabre tient plus
précisément au fait que ces créatures, d'une part, sont
dotées de pouvoirs surnaturels — elles tricotent la vie
elle-même et sont les gardiennes de l'existence, des sortes
d'anges gardiens (voir p. 120)—, mais elles n'ont rien de la
solennité de leur fonction (même si elles échappent tout
de même à la vulgarité qui est chose courante, rue
Fabre…). Les vraies Moires, les Parques, sont des déesses
et elles ont beaucoup de dignité. Les filles de Florence
travaillent sous la surveillance étroite de leur mère, sont
maintenues dans un infantilisme total, n'ont aucune
autonomie. Image tout à fait « débile » de la surnature !
Leur intelligence est très limitée — ce qui ne semble pas
être le cas de Florence. Bref, ce sont des Moires niai-
seuses, dénuées de réflexion et d'esprit critique. De braves
personnes, sans plus. Les Moires de la mythologie ne
sont, elles, ni bonnes ni mauvaises, elles président à la
naissance et à la vie comme à la mort. Les sorcières de
Macbeth, en revanche, sont maléfiques : elles poussent au
malheur. Rose, Violette et Mauve — hautes en couleur,
mais ce sont les couleurs de Pâques, pour ne pas dire de
Parques ! — sont des esprits bons, bons et niais, bien de
chez nous, représentatifs d'une mentalité collective restée
provinciale, villageoise. Mentalité pas du tout patriarcale

cependant, alors que la civilisation paysanne était patriarcale. Nos tricoteuses reflètent plutôt la mentalité d'une population rurale transplantée à la ville et qui, du coup, s'est trouvée décapitée de l'autorité paternelle, soumise à l'influence maternelle. Florence règne sur ses filles, et ce quatuor a quelque chose d'exemplaire dans un monde où les femmes sont beaucoup plus présentes que les hommes; où les femmes, de plus, sont massivement enceintes (on ne compte pas moins de sept grossesses), donc vouées à exercer leur rôle de mères qui, dans la société traditionnelle, est le rôle féminin par excellence[4].

Destinatrices

Les tricoteuses sont présentes dès les premières lignes du premier roman et reparaissent jusqu'à sa dernière page. Elles sont l'alpha et l'oméga du texte. Tout au long, elles jouent leur rôle de destinatrices, dans un rapport de force qui unit les personnages et qui détermine leur fonction actantielle[5], selon les perspectives sémiotiques de Greimas. Ce sont elles qui donnent la vie et qui, par mégarde, peuvent donner la mort. Dans son dictionnaire de sémiotique, écrit en collaboration avec Joseph Courtès[6], au mot *destinateur*, A. J. Greimas écrit :

> Souvent posé comme appartenant à l'univers transcendant, le Destinateur est celui qui communique au Destinataire-sujet (relevant de l'univers immanent) non seulement les éléments de la compétence modale [qui lui permet d'agir comme sujet], mais aussi l'ensemble des valeurs en jeu; c'est aussi celui à qui est communiqué le résultat de la performance du Destinataire-sujet, qu'il lui revient de sanctionner. De ce point de vue, on pourra donc opposer, dans le cadre du schéma narratif, le Destinateur manipulateur (et initial) et le Destinateur judicateur (et final). (p. 95)

Florence et ses filles donnent la vie — elles donnent donc le fondement même de la « compétence modale » du sujet —, mais elles ne sanctionnent pas l'action du sujet (sa « performance »), même si elles peuvent sembler le faire. C'est par erreur, donc par hasard, que Ti-Lou est vouée à la mort. Les tricoteuses occupent la fonction du Destinateur manipulateur (du reste, non pas auprès de tous, mais d'une famille seulement), et non du Destinateur judicateur. La chose est intéressante à signaler. Le surnaturel, chez Michel Tremblay, du moins celui qu'il imagine dans le cadre de son premier roman des Chroniques, ce n'est pas le surnaturel chrétien, traditionnel, auquel étaient généralement soumis les personnages des romans antérieurs à la Révolution tranquille (1960), et où le Destinateur était essentiellement le judicateur, le juge. Tremblay éprouve le besoin de maintenir le surnaturel, mais il lui donne une allure très fantaisiste, souriante, et c'est un surnaturel qui lance le mouvement de la vie, non un surnaturel qui juge et qui sanctionne. Un surnaturel « initial », auroral, et non final — là encore, en harmonie avec la thématique naturelle (printemps, gestation), comme on peut le constater aux pages 119-120. Les Moires de la rue Fabre portent le nom des couleurs de Pâques, mais Pâques, c'est la résurrection. Et les pattes de bébés qu'elles tricotent sont de couleurs très gaies, très vives : bleu, rose, jaune, vert, bref, les couleurs de l'arc-en-ciel (voir p. 13, 61, 119). Elles ont pour mission d'accompagner la vie, non de prédire la mort : « Tricoter au fur et à mesure, guetter, ne pas interpréter, se réjouir ou geindre avec Victoire, avec Gabriel, Albertine, Édouard [...] mais prédire, non » (p. 120).

Fantaisiste, tourné vers la vie, le surnaturel de Tremblay est, de plus, un surnaturel païen puisqu'il est dérivé essentiellement de la mythologie grecque ou romaine. Il y a là un pied de nez au merveilleux chrétien, qui ne sera pourtant pas absent des Chroniques du

Plateau Mont-Royal — on pense en particulier à *Thérèse et Pierrette à l'école des Saints-Anges*. À certains égards, Michel Tremblay retrouve le problème de Chateaubriand qui, dans *Les Martyrs*, épopée chrétienne, devait harmoniser la mythologie païenne et la religion ; ce qui est certes plus facile à réussir dans le contexte carnavalesque où nous plonge Tremblay.

En fait, ces deux mythologies vont souvent se conjuguer étroitement pour composer les axes de référence existentiels des personnages. Par exemple, Ti-Lou sera la louve d'Ottawa, rappelant sans doute la louve qui fut la mère de Romulus et Rémus, les fondateurs de Rome, et par là l'origine de toute une dynastie, comme Ti-Lou a engendré une paradoxale « progéniture » faite de tous les hommes qu'elle a rendus heureux (p. 161) ; et cette femme vénale (y a-t-il un rapport avec Vénus ?) et charitable sera finalement Jésus-Christ, elle qui meurt « les bras en croix » (p. 160), « crucifiée à sa fenêtre » (p. 161). Cette position extrême la met curieusement en parallèle avec Albertine qui, sur son balcon, devant toute la rue Fabre, conjugue en un seul élan la tragédie grecque et la « crucifixion » chrétienne (p. 941).

Centre et non-centre

Destinatrices, relevant de la transcendance malgré tout ce qui les apparente à l'immanence, les Moires de la rue Fabre sont le point de référence central, l'*axis mundi*, et c'est sans doute implicitement par rapport à elles que la Grosse Femme est désignée, déjà dans le titre, comme la Grosse Femme « d'à côté ». La désignation est explicite, dès la deuxième page du roman : « Rose, Violette et Mauve tricotaient des pattes de bébés. Pour la Grosse Femme d'à côté qui était enceinte » (p. 14). Et plus loin, Victoire, qui regarde Florence sans la voir, dit à Édouard : « C'est drôle, partout ousque j'ai été, partout ousque chus restée, y'a toujours eu une maison vide à côté d'ousque j'étais. Quand j'étais petite, à Duhamel, la maison à côté de chez nous était abandonnée pis mon père voulait pas qu'on y alle » (p. 84). C'est forcément par rapport à la maison voisine, toujours vide, toujours hantée, que la Grosse Femme, qui habite maintenant chez Victoire, est la Grosse Femme d'*à côté*.

À côté, c'est aussi chez Victoire et chez Albertine (sa fille). Bien que Victoire, à cause de son grand âge, soit dépossédée de ses pouvoirs, elle vit là comme une mère entourée de ses enfants. Édouard, son fils chéri, et son autre fils Gabriel, l'époux de la Grosse Femme, y sont chez eux au même titre qu'Albertine, même si Gabriel et sa femme souhaiteraient échapper à la promiscuité et aller vivre ailleurs. La super-famille qui est au centre du roman et qui est la juxtaposition de trois « ménages » distincts (au nombre desquels on peut compter celui que forment, à leur façon, Édouard et sa mère), elle se situe donc, du point de vue mythique ou symbolique, dans les parages immédiats des tricoteuses qui sont, précisément, au cœur du mythe ou du symbole. Et à l'intérieur de cette famille, le titre pointe particulièrement l'élément le plus marginal, le plus « à côté » : cette Grosse Femme, qui est là à cause de Gabriel mais qui vit retranchée dans sa chambre, immobilisée par l'obésité et la grossesse, grosse dans les deux sens du terme ; et objet de la réprobation d'Albertine, que la maternité d'une personne de quarante ans scandalise. La Grosse Femme est à la fois un centre puisque le titre la désigne, elle et personne d'autre, et qu'elle est une mère imminente, un archétype maternel, la mère des mères, immobile au centre de tout comme la reine des fourmis ou des abeilles, sorte de montagne humaine ; et pourtant ce centre n'est pas le centre, il est à côté, relégué dans la contingence. Le sacré est monopolisé, non par les mères à venir mais par une femme âgée, Florence, et ses trois filles célibataires, aux allures de vieilles filles. Dans la sphère proprement humaine cependant, la Grosse Femme est centre sur le plan thématique, tout en étant non-centre sur le plan de l'action ; alors que les tricoteuses sont non-centre du point de vue de la sphère humaine (où elles ne sont pas même visibles) et centre dans la sphère surnaturelle (d'où provient leur pouvoir sur les humains). Elles ont l'insignifiance de ce qui socialement ne compte pas (ne sont-elles pas des vieilles filles ?) et pourtant, elles tiennent dans leurs mains le fil de la vie.

Les noms

Dans la perspective de ce qui est centre et non-centre, il est intéressant d'examiner les noms des personnages.

Les tricoteuses — Florence et ses filles, Violette, Rose et Mauve — ont des prénoms mais pas de nom de famille. Un nom complet finirait de les tirer du côté de l'humain. Les déesses et les dieux portent un seul nom : Junon, Diane, Jupiter, Vénus ; les saints et les saintes de la religion catholique également, sauf peut-être les plus récents ; mais on est porté, là encore, à privilégier le seul prénom : sainte Bernadette, et non sainte Bernadette Soubirous.

Les prénoms des tricoteuses, on l'a vu, forment un paradigme — les couleurs de Pâques — et sont aussi des noms de fleurs, ce qui les met sémantiquement en rapport avec le nom de leur mère, Florence.

La Grosse Femme d'à côté, très curieusement, n'est jamais nommée, ni par un nom de famille, ni par un prénom. Elle est la Grosse Femme, comme s'il n'y en avait qu'une au monde et qu'elle incarnait à elle seule l'obésité. Celle que le titre place au centre du livre est aussi celle que l'absence de nom propre rejette dans l'espace de la non-identité, comme si la graisse étouffait toute manifestation d'un moi, d'une âme, réduisait la femme à son seul corps, la condamnait à n'être qu'un objet. La Grosse Femme est pourtant la seule, parmi les personnages du roman, qui ait un peu de culture et une certaine vie intérieure. Richard, son fils aîné âgé de onze ans, a douloureusement ressenti la transformation de sa mère en cette chose sans contours et sans nom : « Depuis qu'il voyait sa mère grossir presque à vue d'œil, ressemblant de moins en moins à cette femme si douce, si enveloppante qui avait enchanté sa tendre enfance et de plus en plus à un tas de graisses molles sans personnalité ni caractère… » (p. 36).

Ce « tas de graisses molles sans personnalité ni caractère », c'est la femme qui, en termes freudiens, a régressé à l'état de *ça* ; qui a perdu son moi, et qui n'a surtout pas l'autorité d'un surmoi. L'absence de nom correspond au fait d'être *ça*, d'être un pur organisme reproducteur, obligé de garder le lit, contraint à l'inaction, voué au seul travail interne de la gestation.

Autour de la Grosse Femme qui est le *ça* — alors que le centre moral, l'autorité, le *surmoi* familial serait plutôt Victoire et le centre pratique, le *moi*, serait Albertine — se déploie la famille, elle aussi sans nom. On ignore le nom de femme mariée de Victoire et d'ailleurs, il est fort peu question de Télesphore, son mari (voir p. 119), apparemment mort depuis longtemps[7]. On ne connaît pas davantage le nom de famille d'Albertine mariée ; son mari, parti à la guerre, est simplement nommé Paul (voir p. 30). Édouard, Gabriel, fils de Victoire, portent seulement leurs prénoms, de même que Richard et Philippe, fils de Gabriel et de la Grosse Femme, ou Thérèse et Marcel, enfants de Paul et d'Albertine. On pourrait connaître le nom de fille de Victoire si l'on connaissait le nom de famille de son frère, Josaphat-le-Violon : mais non. On sait qu'il a vécu à Duhamel et qu'il a fait une fille, Laura, à sa maîtresse Imelda Beausoleil (p. 156). Cette Laura prendra plus tard le nom de son mari : Cadieux (elle est l'héroïne, on le sait, d'un autre roman de Michel

Tremblay, antérieur aux Chroniques). Avant son mariage, elle a sans doute porté le nom de son père puisqu'il l'a reconnue, mais on ignore quel est ce nom.

Donc, tout l'entourage de la Grosse Femme est privé de noms de famille. Il devrait y en avoir trois : celui de Victoire (mariée) et de ses fils, Édouard et Gabriel, ainsi que de la Grosse Femme (épouse de Gabriel) et de ses enfants ; celui d'Albertine (mariée), donc de Paul, son mari, et de leurs enfants (Thérèse et Marcel) ; celui de Josaphat-le-Violon, qui est aussi le nom de fille de Victoire.

L'absence de nom de famille pour tout ce groupe est d'autant plus remarquable que les noms sont généralement précis et complets pour les nombreux autres personnages (sauf quelques exceptions que je commenterai).

Une première interprétation qu'on peut donner du phénomène est que ces personnages font l'objet d'un traitement de faveur ; qu'une perspective intimiste leur est associée. La dimension du pour-soi l'emporte sur celle du pour-autrui, ce qui signifie que, globalement, collectivement, ils forment le centre du roman. L'absence de nom de famille connote la persistance d'une focalisation sur le groupe dans son ensemble — tout comme, dans *Une chaîne dans le parc* d'André Langevin, la désignation constante du personnage principal par le seul pronom *il* fait de lui un *je*, c'est-à-dire le foyer de la narration.

Du reste, l'absence de nom de famille a pour effet de mieux faire ressortir l'unité de la tribu, dont Victoire est en quelque sorte la figure d'origine, même si la famille s'étend à Josaphat (quant à leur sœur Ozéa, elle est mariée à un homme qui s'appelle Gaspar (p. 82), mais on ne connaît pas non plus son nom de famille). Confondus dans un même degré zéro patronymique, tous ces membres de la tribu partagent une même immanence : ils ont des prénoms, des identités existentielles, mais non des identités sociales — et la Grosse Femme est encore plus démunie que les autres puisqu'elle n'a même pas cette identité minimum qu'est un prénom.

Mais il y a aussi Marie-Sylvia, la propriétaire du petit « restaurant », dont on ne mentionne jamais le nom de famille. Elle partage, comme je l'ai mentionné déjà, la fonction de témoin avec les tricoteuses. Cela fait d'elle un sujet, le sujet d'un regard, ce qui est conforme à l'absence de patronyme pour autant que celui-ci relève de la dimension du pour-autrui. Marie-Sylvia vit dans la dimension du pour-soi. Elle est la conscience subjective du quartier. Conscience plus étendue encore que celle des tricoteuses, qui s'attachent avant tout à la famille de Victoire alors que la surveillance de Marie-Sylvia s'étend à toute la rue.

Il y a encore deux autres femmes dont on ne connaît pas le nom de famille : Mercedes et Béatrice, les prostituées, elles aussi des témoins à leur façon puisqu'elles recueillent les confidences des hommes qui les recherchent. Ces sympathiques jeunes filles se fabriquent des noms invraisemblables : Mercedes Benz et Betty Bird, pour cacher des noms trop « niaiseux » (p. 21). Leur identité flotte donc entre une ineptie à saveur locale, qu'il faut cacher, et une surcharge ridicule, celle des noms de guerre, que le narrateur s'abstient d'évoquer couramment ; car il présente les personnages de l'intérieur, dans leur vérité immédiate et quotidienne, comme si Mercedes et Béatrice faisaient partie de la famille. Effectivement, elles se retrouveront, ce soir-là, à la table familiale, invitées par Victoire.

Tous ces personnages, à moitié anonymes, se partagent les premiers segments du récit. L'absence de nom de famille est en harmonie avec la *vision avec*, ou focalisation interne[8] (à laquelle le narrateur ne se limite pas, du reste, puisque la non-focalisation[9] est souvent la règle). Notons, toutefois, que la « grosse femme », désignée par ces seuls mots fort descriptifs, appelle plutôt, dans un premier temps en tout cas, la vision *par devant*, ou focalisation externe[10].

Il y aura plus loin Ti-Lou, également une prostituée, sans nom de famille, mais son prénom est déformé en sobriquet. Ce sobriquet, curieusement, la rapproche de Victoire puisque, pour tous les marchands de la rue Mont-Royal, Victoire c'est «Tit-Moteur» — une véritable terreur! En fait, la ressemblance va beaucoup plus loin. Les deux sont des femmes énergiques, âgées, pleines d'expérience, intelligentes, très pittoresques, fantasques et cordiales sous leurs dehors bourrus.

Les autres personnages, nombreux, sont formellement identifiés par leurs noms et prénoms: Claire Lemieux et son mari Hector (p. 54), Rose Ouimet, fille de Rita Guérin (p. 66), et son mari Roland (p. 175); Gérard Bleau (p. 74), Gabrielle Jodoin (autre fille de Rita Guérin) et son mari Mastaï (p. 91 et 94), Willy Ouellette (p. 101), Germaine Lauzon (autre fille de Rita Guérin) et son mari Ernest (p. 114-115), Marie-Louise Brassard et son mari Léopold (p. 122), Imelda Beausoleil, maîtresse de Josaphat-le-Violon (p. 156), Laura Cadieux et son mari Pit (p. 168), et Pierrette Guérin, dernière fille de Rita Guérin (p. 180).

Enfin, parmi les personnages d'une certaine importance, il y en a deux qui portent un seul nom et ce nom n'est pas un prénom mais un nom de famille, et encore, un nom célèbre : Duplessis, le chat, et Godbout, le chien. Il est tout à fait inhabituel que les animaux portent des noms de famille. Les noms de célébrités qu'on leur donne parfois, comme César, Brutus, ne sont pas des patronymes. On trouve donc ici, de la part de l'auteur, beaucoup de fantaisie. D'autre part, le monde animal a une grande importance dans le roman — une importance aussi grande que le petit monde surnaturel des Moires. Il constitue, en contiguïté avec la sphère humaine, une sphère qui relève de la nature mais qui est tout imprégnée de réalité humaine puisque Duplessis est doté d'une véritable pensée, évidemment primaire, tout comme son cruel ennemi, Godbout. Les deux connotent, par leur nom, la lutte politique au terme de laquelle, en 1939, les libéraux, sous la direction d'Adélard Godbout, ont arraché le pouvoir au conservateur Maurice Duplessis. (Ce dernier reprendra le pouvoir en 1944, deux ans après cette journée dont le roman nous fait la chronique, et le conservera jusqu'à sa mort, en 1959. Duplessis, le chat, vaincu par Godbout puis revenant sous une forme impérissable, n'est donc pas une fiction arbitraire.)

Il est intéressant de remarquer en plus que les noms de famille des animaux connotent l'identité sociale maximum — c'est le patronyme qui, d'un individu, fait *quelqu'un*, socialement — et que les êtres surnaturels, les tricoteuses, portent de simples prénoms. L'immanence (la nature) a les attributs de la transcendance, la transcendance a les attributs de l'immanence. Certes, comme je l'ai rappelé, les saints n'ont généralement qu'un prénom, mais ce prénom est précédé du titre de saint qui confère au nom sa transcendance. Florence, Violette, Rose, Mauve sont des noms on ne peut plus modestes, nullement indicateurs de transcendance, et la fonction de Destinatrices des tricoteuses est ravalée, jusqu'à un certain point, au niveau de l'immanence, ce qui tend à faire d'elles plutôt des Adjuvantes. (Le Destinateur *initial* n'a pas une dimension de transcendance aussi marquée que le Destinateur judicateur.) En revanche, Duplessis et Godbout n'ont aucune influence sur la destinée des personnages, mais ils portent le nom de gens qui en ont sur le pays, qui peuvent modifier le sort des collectivités et, à la limite, des individus eux-mêmes. Les destinatrices ont des noms d'adjuvantes et les adjuvants (en fait, un chat, un chien, ce sont des animaux de compagnie, c'est-à-dire des soutiens affectifs ou des gardiens, et appartiennent de ce fait à la classe des Adjuvants, au sens large) ont des noms de destinateurs. Il y a comme une perversion de l'infra-humain et du supra-humain, de la nature (sub-humaine) et de la surnature. Les animaux et les esprits, très « anthropo-morphisés » de part et d'autre, ne correspondent nullement à leur représentation traditionnelle et relèvent de la fantaisie la plus pure — donc de l'irréel, du Rêve.

■ ■ ■

Il reste que les personnages principaux, ou bien n'ont pas de nom (mais c'est l'exception : la Grosse Femme), ou bien n'ont qu'un prénom. On peut y voir la nette prédominance de la dimension intime, qui est avant tout l'affaire des femmes, et par conséquent, il n'est pas interdit d'interpréter l'absence de patronyme par la domination que la femme exerce sur tout le domaine du quotidien, depuis la sphère domestique jusqu'à la sphère sociale (le Plateau Mont-Royal), en cette époque où les hommes sont ou bien absents (partis pour la guerre), ou bien inconsistants (on pense à la « sorte de baleine blanchâtre et lente » [p. 54] qu'est le mari de Claire Lemieux, au très beau et très insignifiant Gérard Bleau, etc.).

Les femmes, à côté, quelle vigueur !

Visages de la femme

Elles sont nombreuses et dotées d'une personnalité bien définie, soit qu'elles œuvrent dans leur maison, soit qu'elles exercent l'un des rares métiers — pas toujours catholiques — réservés aux femmes de cette époque.

Victoire

En tête des personnages féminins, il faut sans aucun doute placer Victoire, même si elle n'est plus ce qu'elle a été et que son âge avancé — soixante-quinze ans — la condamne à l'inaction. En fait, les empêchements ne proviennent pas de son âge seul mais aussi, et surtout, de son entourage qui allègue sa vieillesse pour la mettre au repos : « Elle errait du matin au soir de la salle à manger à sa chambre, superfétatoire objet d'attention dans cette maison où tout et tous avaient des tâches assignées ou du moins une utilité quelconque, excepté elle » (p. 25). Parmi les tâches utiles qui sont ensuite énumérées, « descendre les vidanges, faire le souper » etc., il y a celle-ci, plutôt surprenante : « rosser Philippe ou Thérèse, ou Richard, ou Marcel, mais rosser quelqu'un ». C'est dire qu'il s'agit moins d'être utile que de s'occuper, et que le dynamisme de Victoire est volontiers belliqueux. Rosser, ce n'est pas corriger, éduquer, mais exercer une violence gratuite, satisfaire un pur besoin de frapper. Ce trait, qu'on peut sans doute qualifier de carnavalesque, place tout de suite Victoire dans un milieu social différent du milieu bourgeois, où les violences, non moins grandes, sont plus discrètes et s'exercent sur un autre plan que le plan physique.

Victoire conserve tout de même beaucoup de son dynamisme d'antan, mais la vieillesse lui impose de réelles limites. Pour Richard, qui partage la même chambre et qui la regarde dormir, elle est une vieille femme usée, au bord de la mort : « C'était une chandelle usée qui vacille, une horloge démontée qui hoquette, un moteur au bout de son rouleau, un chien trop vieux, une servante qui a fini de servir et qui se meurt d'ennui, une vieillarde inutile, un être humain battu, sa grand-mère » (*Ibid.*). Cette expolition (figure de rhétorique qui consiste à reprendre plusieurs fois la même idée sous des formes différentes) comporte une gradation puisqu'on part d'un objet inerte, la chandelle, qu'on évoque ensuite des objets de plus en plus complexes, l'horloge, le moteur, puis le règne animal (le chien) et enfin, l'espèce humaine, d'abord socialement inférieure (la servante), puis inférieure sur le plan existentiel (la vieillarde) et finalement l'être humain général, pour aboutir à la pleine identité individuelle : la grand-mère. C'est dire que, malgré tout ce qui abaisse ou diminue Victoire, l'idée que Richard se fait d'elle est corrigée peu à peu dans un sens plus favorable : cette chandelle usée, au bout du compte, c'est un être humain. C'est cet être irremplaçable, quels que soient ses défauts : une grand-mère. Comme tous les autres membres de sa famille, Richard a sans doute beaucoup de raisons d'en vouloir à Victoire, qui n'est pas facile à vivre ; mais Victoire inspire malgré tout de la sympathie, à ses proches comme au lecteur. C'est que, sous ses dehors bougons, elle aime les autres, du moins ceux qui méritent son estime. Richard le lui fait admettre :

> [Victoire déclare d'abord :]
> — Un jour, pendant que tu dors, memére va se lever pis à va aller t'étrangler. Comme un poulet.
> — Non. Vous m'aimez trop.
> La femme sourit :
> — Tu penses ?
> — Oui. (p. 26)

Scène assez touchante, où l'on voit la reconnaissance mutuelle de sentiments d'affection entre deux êtres que séparent beaucoup de choses, en particulier le fossé des générations.

Malgré son côté de vieille femme haïssable, Victoire est aimable, ce que prouve bien l'affection que lui porte Florence, la mère des tricoteuses : « Florence venait de lever les yeux sur elle. Rose et Mauve virent une infinie tendresse envahir le regard de leur mère. Un vague sourire apparut même sur ses lèvres » (p. 84).

C'est une affection encore plus profonde, plus entière que Josaphat-le-Violon voue, depuis toujours, à sa sœur aînée[11]. Et cette affection est réciproque, ou du moins l'a été, puisque son frère est la « seule grande passion » dans la vie de Victoire (p. 119). D'autres développements vont en ce sens (notamment, p. 155).

Cette passion de Victoire pour Josaphat a tous les caractères d'un inceste, ce que confirme la pièce assez récente de Tremblay, *La Maison suspendue*. Cette pièce fait même de Gabriel et d'Albertine les enfants de Josaphat[12] et non du piètre Télesphore. Dans le roman, à la passion incestueuse manque la sexualité, comme il est dit explicitement (voir p. 155). Tout est présent, sauf le toucher — et, dans le Québec de cette époque, c'est le toucher qui fonde le péché. Le frère et la sœur oscillent curieusement entre «les deux pôles des choses défendues : la culpabilité et le remords» — pôles très rapprochés à vrai dire puisque le sentiment d'être coupable engendre immédiatement le remords. On se demande pourquoi l'auteur constitue en extrêmes ou en opposés de quasi-synonymes. Quoi qu'il en soit, l'inceste est une sorte de loi dans la famille de Victoire puisque Florence définit ainsi ce groupe humain dont elle a la garde :

> La famille de Victoire. Les générations, les vagues d'individus, de clans, de parents, les mariages d'amour consanguins prolifiques, les mariages de raison stériles [...]. (p. 119)

La fécondité est liée à l'amour et l'amour, à la consanguinité. Les mariages de raison, qui relèvent de l'exogamie, sont improductifs. On a sans doute ici, sur le plan symbolique, la clé de cette économie domestique étonnante, de cet hyper-ménage monstrueux, clanique, où coexistent les trois enfants de Victoire avec leurs conjoints et leurs enfants, sorte de cellule sociale primitive qui confond les données patrilinéaires en un seul ensemble sans nom ; ensemble que Victoire ne résume pas à elle seule, mais qui se constitue à partir d'elle, et dont elle est la raison génétique[13].

Victoire est donc une femme aimée : par Florence, par Josaphat, aussi par son mari, Télesphore, «qu'elle

n'aimait pas et qui l'adorait » (*Ibid.*), et enfin, par Édouard.
Ce dernier est son enfant préféré. (Son « deuxième »,
lit-on à la page 13 ; « son petit dernier », est-il dit plutôt à
la page 31. Or, elle a eu quatre enfants si l'on compte
Madeleine, à peu près absente des Chroniques. Déci-
dément, les objets de dilection de Victoire, soit comme
jeune fille, soit comme mère, ont de la difficulté à s'inscrire
dans la temporalité.) Mais aussi, son souffre-douleur.
Entre Victoire et Édouard, les relations ont un caractère
sado-masochiste. Les deux ont de « nombreuses engueu-
lades dont ils sortaient toujours humiliés et heureux »
(*Ibid.*). Heureux d'être humiliés puisque l'amour, sur
lequel pèse un interdit, ne peut s'exprimer que sous les
apparences de la haine ou du mépris.

Victoire a inspiré de grandes amours, mais elle n'en
est pas moins, à sa façon, une femme détestable et haïe.
Les marchands de la rue Mont-Royal, en particulier,
gardent un souvenir impérissable de « Tit-Moteur », la
plus antipathique de toutes leurs clientes : « Tit-Moteur
vous revirait la rue Mont-Royal à l'envers, entre De La
Roche et Papineau, des deux côtés, en une après-midi de
temps, pis après a'remontait la rue Fabre avec une paire de
bas dans un p'tit sac brun ou ben donc un suçon à une
cenne planté dans'bouche comme un trophée ! » (p. 102).
« Tit-Moteur », le sobriquet que les marchands du quartier
donnent à Victoire, connote une énergie inépuisable,
mais aussi une activité mécanique, aveugle. Victoire est
quelqu'un qui bouleverse tout sur son passage, quelqu'un
qu'on ne peut pas arrêter. Il est intéressant de noter que,
dans *Les Vues animées*, Michel Tremblay attribue un
comportement semblable à sa mère, comme nous l'avons
mentionné précédemment (voir *supra*. p. 25).

Signalons en passant que l'image du moteur revient
ailleurs, associée à Victoire ou à d'autres personnages.
Quand Richard regarde dormir sa grand-mère, il la voit,
entre autres choses, comme « un moteur au bout de son

rouleau » (p. 25). La métaphore du moteur, appliquée aux réalités humaines, est aussi associée à Gabriel : « Quatre biéres, ça fait partir mon moteur, mais quatre-z'autres, ça me fait décoller ! » (p. 99). Et à la fin du même segment, tout juste avant celui où apparaît pour la première fois le sobriquet de Tit-Moteur — bel exemple de continuité métaphorique entre deux segments —, on lit : « Son moteur venait de partir et il aurait bien eu besoin de ses quatre autres bières pour décoller mais il décida que la musique [de Willy Ouellette] ferait tout aussi bien l'affaire [...] » (p. 102). Le moteur, c'est le dispositif même du rêve, qui permet de quitter la plate réalité, et il est révélateur que ce motif soit, tout de suite après, associé à la figure maternelle. La mère, comme nous le verrons, est pour chacun, par delà la figure immédiate, quotidienne, la présence merveilleuse et aimante, et on ne peut vraiment rêver qu'en elle, comme les saints vivent en Dieu. Ou quand on est, comme Marcel, privé de la tendresse maternelle, on peut trouver un substitut dans la chaleur ronronnante de son chat : « Marcel prit Duplessis qui fit aussitôt partir son petit moteur » (p. 310). D'autre part, les bières bues quatre à quatre par Gabriel et qui font « partir son moteur » rappellent peut-être les huit chevaux lumineux qui enlèvent la lune pour la placer au ciel, l'arracher aux contraintes de la terre, dans le conte de Josaphat-le-Violon. Avec la témérité d'une certaine critique contemporaine, en nous rappelant le surnom que s'est attiré Victoire, on pourrait lire, dans *moteur*, le mot *Mother*...

En outre, l'image du moteur connote une sorte de paradoxe, celui de l'indestructible (le métal est plus résistant que la matière vivante) qui pourtant tombe en panne : Victoire est un moteur au bout de son rouleau, et Gabriel, après son décollage habituel, va s'abattre en flammes à la suite de la résistance inattendue que lui oppose Willy Ouellette. Le rêve est souvent condamné à l'échec comme l'illustrera, mieux que tout autre, le destin de Marcel.

Pour compléter le portrait de Victoire, on peut dire que la chère vieille, qui vit dans un milieu carnavalesque, une « maison hantée » affirme Mercedes [14] (p. 41), déborde de beaucoup la dimension burlesque même si elle ne dédaigne pas de se situer à ce niveau, quand elle joue les Tit-Moteurs ou s'attife de vêtements invraisemblables pour faire honte à Édouard dont elle se fait accompagner dans la rue.

Albertine

L'une des figures les plus importantes des Chroniques est sans contredit Albertine, qui sera d'ailleurs, plusieurs années après la parution de *La Grosse Femme*, le centre multiple (puisqu'elle est représentée à plusieurs âges de sa vie) d'une des meilleures pièces de Tremblay [15].

Dans *La Grosse Femme*, Albertine n'a que trente ans. Elle est encore jeune et belle malgré un début d'embonpoint et, surtout, une humeur maussade capable d'enlaidir et de vieillir n'importe qui. On est porté à se représenter l'Albertine du roman comme une femme usée et acariâtre, malgré un portrait d'elle assez flatteur que reprendra la pièce à propos de la plus jeune Albertine : « cette femme un peu grasse mais très belle » (p. 26). Mère avant la vingtaine, épouse d'un pleutre qui ne sait pas la satisfaire — « mal mariée qu'elle était, mal baisée, vite écœurée d'un mari malhabile et égoïste » (p. 86) —, Albertine est l'image même de la frustration. Trop honnête pour chercher satisfaction ailleurs, elle prend l'amour en aversion et perd tout plaisir à vivre. Dans *La Grosse Femme*, on la voit frapper en hystérique dans la porte de sa belle-sœur parce que celle-ci fait l'amour, enceinte et en plein après-midi. Elle crie, pitoyable : « Vous avez pas le droit d'aimer ça ! Vous avez pas le droit ! Pas dans ma face ! Pas tant que chus là!» (*Ibid.*). De même, la pièce nous apprend qu'Albertine tuera presque sa fille Thérèse quand elle la surprendra en train de parler, avec Pierrette, de Gérard Bleau, le beau gardien du parc que la fillette a séduit, à l'âge de onze ans! Et ce qu'elle reprochera le plus à sa fille, c'est d'aimer l'amour. Une telle attitude névrotique chez la mère, on ne s'en surprendra pas, conduira Thérèse tout droit à la prostitution.

Albertine apparaît donc comme une femme de caractère (ou, pour le moins, de mauvais caractère!), semblable en cela à sa mère, mais plus bornée et incapable, par exemple, de faire accueil à de sympathiques jeunes prostituées comme Mercedes ou Béatrice. Elle appartient au paradigme nombreux des femmes mal mariées et à celui, plus rare peut-être, des vertus qui doivent beaucoup à la frustration. Groupe auquel appartiennent aussi Rose Ouimet, cette fille de Rita Guérin qui fait le ménage chez Ti-Lou (ici encore, la mère est beaucoup plus délurée que la fille), et Marie-Louise Brassard, la Marie-Lou de la pièce célèbre.

La dominante de la vie d'Albertine depuis son mariage, c'est la colère ou, comme dit la pièce, la rage :

> J'ai une puissance, en dedans de moi, Madeleine, qui me fait peur! (*Silence.*) Pour détruire. (*Silence.*) Je l'ai pas voulue. Est là. Peut-être que si j'avais été moins malheureuse j'aurais fini par l'oublier ou la dompter… mais y'a des fois oùsque j'sens une… une rage, c'est de la rage, Madeleine, de la rage! Chus t'une enragée! (*Silence. Elle lève un peu les bras.*) R'garde… la grandeur du ciel… Ben la grandeur de c'te ciel-là arriverait pas à contenir ma rage, Madeleine! (*Albertine en cinq temps, op. cit.*, p. 363.)

Puissance retournée contre elle-même, et qu'Albertine réussit cependant à contenir à la demande de Thérèse, dans le roman. La fillette se porte au secours de son petit frère Marcel et demande à sa mère de cesser de terroriser l'enfant par ses réprimandes. Qu'Albertine obtempère au désir de sa fille aînée montre qu'elle est sensible, au fond, et capable de tendresse. À la fin de la magnifique et surréaliste cantate de la « tragique », dans *Le Premier Quartier de la lune*, la pauvre femme conviendra bien que toute sa rage est l'envers d'un amour trop grand et impossible à manifester (p. 941-942).

Dans *La Maison suspendue*, Victoire évoque au futur ce deuxième enfant que lui a fait Josaphat — on apprend alors qu'Albertine est le fruit d'amours incestueuses — et qui n'est pas encore né (*op. cit.*, p. 112-113). Albertine représente explicitement la part du malheur héritée de Victoire et qui sera transmise à Thérèse et à Marcel.

Par ses cris, ses crises, son hystérie, Albertine participe au carnaval mais elle en incarne un élément seulement : la fureur. Elle n'accueille pas en elle les contraires, ce qui ferait d'elle une incarnation plus complète du carnavalesque.

Tout en appartenant de plein droit au petit monde que peignent les Chroniques, Albertine à certains égards fait figure d'exception. D'abord, elle est la seule à refuser énergiquement le Rêve et à prendre résolument le parti du réel, tout détestable soit-il. Mais plus encore, contrairement aux autres personnages dont les Chroniques racontent l'enfance ou la jeunesse relativement heureuses (le théâtre racontant leurs destins tragiques), Albertine est d'emblée plongée dans le malheur et sa situation semble, de *La Grosse Femme d'à côté est enceinte* jusqu'à *Un objet de beauté*, s'aggraver de façon continue, l'enfermement de Marcel constituant la catastrophe ultime. Pourtant, dans *Albertine en cinq temps*, des moments de rémission surviendront, notamment après l'agression que la femme de trente ans commet sur sa fille Thérèse dont elle a surpris les confidences faites à Pierrette. La rage est alors exorcisée, au cours d'un séjour à la campagne, et

Albertine connaît une phase de vie heureuse qu'elle retrouvera à cinquante puis à soixante-dix ans. Contrairement à ce qui se passe pour tous les autres personnages, c'est le théâtre qui constitue le cadre textuel où la sérénité devient possible pour la Tragique et l'Enragée, alors que les Chroniques la maintiennent enfoncée dans son malheur. Plus encore, Albertine semble, à soixante-dix ans, s'acheminer vers une fin sereine. Mais le drame sous-jacent à toute l'existence d'Albertine vient de l'absence en elle de cette corde maternelle, de cette compétence affective et psychologique dont elle voudrait faire bénéficier ses enfants, et dont la Grosse Femme détient naturellement le secret.

La Grosse Femme

La Grosse Femme, au fur et à mesure que l'œuvre narrative et théâtrale de Michel Tremblay se développera, apparaîtra de plus en plus nettement comme la copie conforme de la mère de l'auteur, et les aspects éminemment positifs qui lui sont associés acquerront leur plein rayonnement. Ces aspects toutefois, dans *La Grosse Femme d'à côté est enceinte*, sont mêlés à d'autres qui sont moins engageants.

Condamnée, par son obésité aggravée d'une grossesse, à une inaction humiliante qui la rend dépendante d'autrui, la Grosse Femme inspire au lecteur à la fois de la sympathie et une certaine répulsion physique. Sa grosseur a quelque chose d'une infirmité, et Richard, son fils, qui l'adore, y voit une sorte de déchéance : « Depuis qu'il voyait sa mère grossir presque à vue d'œil, ressemblant de moins en moins à cette femme si douce, si enveloppante qui avait enchanté sa tendre enfance et de plus en plus à un tas de graisses molles sans personnalité ni caractère [...] » (p. 36). Écrasée par son destin, un peu comme Albertine envahie par la rage, elle ne recourt pas

à la colère mais à des aveux de faiblesse, elle « éclatait en
sanglots en accusant tous et chacun de la détester, de la
juger, de la condamner » (*Ibid.*). Cette attitude quelque
peu paranoïaque n'a rien d'agréable. D'autre part, malgré
ses manières un peu frustes en harmonie avec sa corpu-
lence, la Grosse Femme a, beaucoup plus que les autres
femmes du roman, une certaine délicatesse de sentiments,
et une finesse de jugement que la lecture de grands écrivains l'a aidée à développer. Elle lit Hugo, Balzac (p. 28),
et elle éprouve intensément ce qu'elle lit. Toute sa vie
intérieure — car elle en a une — est orientée vers le rêve.

   Son rêve, certes, prend parfois une allure assez
vulgaire. Acapulco est l'endroit du monde où elle souhaite
le plus séjourner. La plage célèbre est pour elle l'équivalent
du paradis, et son fantasme revêt une tournure carrément
grotesque : « J'pourrais m'assir dans l'eau, juste su'l'bord,
pour me sentir renfoncer dans le sable. Parce que quand
tu t'assis dans le sable su'l'bord de l'eau les vagues creusent
un trou en dessous de toé ! » (*Ibid.*). Le bonheur dont elle
rêve s'éprouve d'abord par le fondement… Sentir que le
vide se fait sous soi, même quand on est gros, sentir qu'on
n'écrase plus ce qu'il y a sous soi, ce plaisir se mêle à celui,
tout régressif, d'être assis dans une substance trouble, à
la fois liquide et solide, un peu comme l'enfant dans ses
selles. La Grosse Femme incarne la régression, ce qui
contribue à faire d'elle une figure de la mère archaïque,
originelle, une émanation directe de la Nature : « J'reste-
rais là, clouée par le soleil pis caressée par l'océan. Pis
j'pourrais mettre au monde tous les enfants que j'vou-
drais ! » D'ailleurs, l'enfant qu'elle va mettre au monde
n'est pas *un* mais plusieurs, il est aussi celui des six
femmes enceintes de la rue Fabre[16], comme on le voit
dans un passage consacré à Florence :

   Elle pourrait même, si elle le voulait, raconter l'avenir à
   Violette : l'enfant multiple de la Grosse Femme d'à côté,

toutes ces naissances simultanées dans la rue Fabre, Rose Ouimet, Gabrielle Jodoin, Germaine Lauzon, Claire Lemieux et cette autre, Marie-Louise Brassard [...]. (p. 120)

On comprend ici que, même si Florence et ses trois filles sont commises à la garde de la seule famille de Victoire, leur rôle s'étend jusqu'à un certain point à d'autres personnes, notamment à ces femmes enceintes pour lesquelles, dès le début du roman, on les voit tricoter « des pattes de bébés » (cf. p. 13-14). Par la grossesse, les femmes enceintes deviennent les filles de la Grosse Femme qui, dès lors, est leur archétype et qui peut ainsi les incorporer ponctuellement à la famille de Victoire — Victoire se chargeant de son côté, le temps d'un repas, d'y intégrer les sympathiques prostituées que sont Mercedes et Béatrice, perdues pour la maternité...

La Grosse Femme n'est pas douée seulement pour le rêve, elle l'est aussi pour l'amour, et il est important de remarquer que ses problèmes d'obésité ne semblent nullement avoir compromis l'harmonie conjugale. À côté d'Albertine, elle fait figure de femme épanouie, même si elle doit garder pour elle-même ses problèmes ; seul Josaphat-le-Violon, en effet, l'interroge sur ses préoccupations (voir p. 149). D'habitude, c'est elle qui reçoit les confidences des autres, à commencer par Gabriel, son mari, qu'elle aime malgré sa faiblesse (p. 180), puis des êtres moins proches, comme Laura Cadieux, qui trouve en elle l'attention et le réconfort que lui refuse son mari (p. 170-172). Édouard se confiera plus que quiconque à elle, à sa demande d'ailleurs puisque les équipées fantaisistes de son beau-frère, malgré ses réticences morales, la font rêver. C'est ainsi qu'elle assistera à sa transformation en duchesse de Langeais et qu'elle sera la destinataire de son journal de voyage en Europe.

Femme très sensible mais équilibrée, ayant de la sagesse, du jugement, du raffinement à l'occasion, elle n'est pourtant pas dépourvue de cette verve gauloise qu'on trouve aussi chez Victoire, puisque c'est elle qui a donné à Marie-Sylvia, la propriétaire du casse-croûte du coin de la rue, le surnom de « senteuse de caneçons » qui stigmatise son caractère de fouine (p. 15).

La Grosse Femme, pourrait-on dire en résumé, c'est le carnaval malgré elle ; c'est le carnaval par sa grosseur, par une certaine vulgarité ; mais il y a aussi en elle une conscience qui l'élève au-dessus de sa condition. Laura Cadieux, qui n'a pas son intelligence, est une figure plus pure du carnaval (surtout dans le roman qui lui est consacré).

Ti-Lou

Malgré sa position périphérique dans le récit, Ti-Lou est une autre figure remarquable des Chroniques, et plus précisément du premier livre de la série. Prostituée à la retraite, on a dû l'amputer d'une jambe et elle découvre avec horreur que la gangrène la ronge de nouveau. Se sachant perdue, elle réagit d'une façon énergique, en s'enlevant la vie.

Par son énergie, Ti-Lou peut rappeler Tit-Moteur, et les deux sobriquets — même si le préfixe de Ti-Lou est plus éloigné que l'autre de son étymologie — soulignent cette parenté. En fait, Victoire n'est Tit-Moteur que pour les marchands de la rue Mont-Royal ; ce surnom moqueur condense, en quelque sorte, son pour-autrui. Ti-Lou est Ti-Lou pour elle-même d'abord, il n'y a pas de décalage entre son pour-soi et son pour-autrui. Comme les politiciens et autres mégalomanes, elle parle volontiers d'elle-même à la troisième personne. De même que Jean Drapeau, dans ses entrevues, se désignait comme « le maire de Montréal », elle s'intitule pompeusement « la louve d'Ottawa » : « Depuis quand que Ti-Lou, la louve d'Ottawa, a de besoin de cartes de rationnement, veux-tu ben me dire ! » (p. 45).

Fille publique, Ti-Lou a assumé entièrement sa vocation, intériorisé complètement sa destinée. Sa vie est une réussite. Elle a couché avec les premiers ministres, les simples ministres, les évêques, les cardinaux (p. 48). Première guidoune à s'installer à Ottawa, elle a été bientôt l'égale d'une reine : « Chus la seule femme qui a jamais faite la loi à Ottawa ! Pendant vingt ans j'ai régné sur Ottawa comme la reine Victoria sur son empire, excepté que moé y me traitaient pas comme une grand-mére ! » (*Ibid.*)

La volonté de puissance de Ti-Lou est tout individuelle. Il ne s'agit pas pour elle de promouvoir les droits de la femme mais ses intérêts personnels, en usurpant le pouvoir masculin à son seul profit. En ce sens, elle est bien « la seule femme qui a jamais faite la loi à Ottawa ». On constate d'ailleurs son mépris pour ses semblables dans le récit de son déménagement, du Château Laurier à la rue Roberts :

[…] les femmes de la ville ont suivi mes charrettes à bagages en portant des pancartes ousqu'y m'accusaient d'avoir introduit l'enfer dans le Parlement ! Un vrai triomphe ! J'm'étais jouquée sur la première charrette pis j'hurlais à la lune comme une louve en chaleur ! Ti-Lou prenait possession de son nouveau terrier ! (*Ibid.*)

Triompher, c'est faire scandale, c'est se mettre à dos les gens bien, en l'occurrence les épouses vertueuses… et jalouses. Ti-Lou triomphe essentiellement aux dépens des autres femmes. Triompher, c'est être reine, mais c'est être aussi la louve en chaleur pour qui vont se battre les mâles. La louve qui hurle à la lune et qui l'est, Lune, à sa façon. Triompher, c'est se vautrer dans la luxure, se terrer littéralement dans le mal. Le haut et le bas s'équivalent, ce qui fait de Ti-Lou une figure tout à fait carnavalesque.

On observe bien la fusion des contraires dans le récit de sa mort, à la fois sordide et glorieuse. Elle meurt debout, face au soleil couchant, les bras en croix, « crucifiée à sa fenêtre » (p. 161) comme le Rédempteur[17]. Mais Ti-Lou est aussi une « louve solitaire et infirme qui rappelle à elle avant de mourir toute sa progéniture dispersée aux quatre coins de la forêt […] » (*Ibid.*). Ti-Lou est un « animal » dont le cri d'agonie rejoint Josaphat au moment où, dit-il à Marcel, il va allumer la lune (*Ibid.*), et en même temps elle est comme la mère de tous ceux qui ont cherché le réconfort auprès d'elle, cette « progéniture » qui, maintenant, « l'ignore et la renie » (*Ibid.*) : rois, présidents, ambassadeurs, officiels de tous les pays…

On peut dire que Ti-Lou, crucifiée, est un avatar inattendu de ce Messie canadien-français dont la figure hante notre idéologie traditionnelle. Et elle est une figure parfaitement carnavalesque, ayant conservé l'orgueil de sa vie d'autrefois à travers la décrépitude de sa vie actuelle (semblable, en cela, à la vieille Gloria de *Sainte Carmen de la Main*, à la fois superbe et dérisoire).

▪ ▪ ▪

On pourrait continuer de passer en revue ces portraits de femmes généralement fouillés, parler de Mercedes et de Béatrice, jeunes prostituées ravissantes, sympathiques, qui aiment leur métier et ne semblent pourtant pas avoir perdu leur dignité d'êtres humains ; de Gabrielle Jodoin, femme tendre, amoureuse, mais capable de tenir tête à son mari (un des rares exemples d'homme sympathique, malgré d'évidentes limites) ; Germaine Lauzon, sa sœur, affligée d'un bon début d'embonpoint ; Rose Ouimet, leur autre sœur, dont la frustration, la haine du plaisir, rappellent celles d'Albertine ; Rita Guérin, leur mère, femme dynamique, de bonne humeur, travaillante, mais non dépourvue d'une certaine rudesse dont Pierrette, la

benjamine, fait le plus souvent les frais ; Pierrette, justement, qui souffre de sa dentition fantaisiste (elle a les
dents longues et croches) ; Thérèse, la fille d'Albertine,
qui présente un curieux mélange d'attitude responsable
— elle protège son frère Marcel, se rend utile à la
maison… —, d'intelligence, de sens pratique (voir p. 52),
de chaleur communicative, mais aussi de tempérament
colérique (voir p. 54) et de perversion : elle séduit, à onze
ans, le beau Gérard Bleau, un jeune adulte, dont la vie est
complètement bouleversée. On voit poindre très tôt, chez
Thérèse, la prostituée qu'elle deviendra[18].

Au terme de ce survol, on voit que la femme est
souvent quelqu'un qui commande, ou qui a commandé,
qui a mené sa vie à son gré (Victoire, Ti-Lou), quelqu'un
d'actif, d'intelligent, de généralement plus intelligent que
le conjoint comme le montrent bien Claire Lemieux et
son mari, cet « amas de graisses molles » (p. 56), Laura
Cadieux et son Pit cuisinier, fort en sauces mais sans plus,
Rose Ouimet et son mari Roland, Germaine Lauzon et
son mari Ernest (qui joue avec les installations électriques
et fait sauter les plombs), Gabrielle Jodoin et son Mastaï,
amusant mais dénué de jugement, Marie-Louise Brassard
et Léopold. La Grosse Femme est, elle aussi, supérieure à
Gabriel, Victoire à Télesphore, et Thérèse à Gérard
Bleau qu'elle finira pourtant par épouser, etc.

La femme est parfois frustrée (Albertine, Rose
Ouimet, Marie-Louise Brassard) mais, en revanche, les
prostituées abondent. Les trois fillettes de la deuxième
chronique, Thérèse, Pierrette et Simone, qui sont la
sainte Bernadette Soubirous, la sainte Vierge et l'ange
suspendu du reposoir, deviendront toutes trois prostituées et travailleront, un temps, chez Betty Bird, la
Béatrice de *La Grosse Femme d'à côté est enceinte*. La libération pour la femme, dans ce milieu et à cette époque,
prend presque fatalement la forme de la prostitution. Les
frustrées rejettent les prostituées, mais les femmes fortes,

comme Victoire ou Rita Guérin, sont indulgentes, compréhensives pour elles et les préfèrent aux femmes frustrées. Victoire invite Mercedes et Béatrice à la maison, bien sûr pour faire rager Albertine, mais aussi parce que la liberté qu'elles vivent ne la choque pas. Victoire n'est pas prisonnière des préjugés et des préceptes moraux — du moins, elle est capable d'évolution rapide sur ce plan.

À travers les visages de la femme, Michel Tremblay nous montre une société moins uniformément traditionnelle qu'on ne l'a représentée, et cela, moins à cause de la présence de nombreuses prostituées, qui sont l'antithèse de la vertu mais non sa contestation, que de femmes comme Victoire, capables de s'élever au-dessus de la vertu et du vice, malgré le risque que cela représente (voir p. 129).

Et ce risque, c'est essentiellement un risque pour la raison, non pour le salut. Victoire, à cause de son âge, mais aussi de sa personnalité, de sa secrète propension au rêve, se sent menacée de folie — cette folie qui lui fait voir ce qu'on ne doit pas voir : un trio de tricoteuses sous la surveillance de leur vieille mère. La crainte de la folie est sans doute la seule chose qui retient Victoire dans un certain carcan qu'on lui impose et qui l'ennuie démesurément.

Les portraits de femmes qui viennent de défiler sous nos yeux prennent tout leur sens en rapport avec l'action du roman, ou plus précisément — puisque la chronique exclut la possibilité d'une intrigue fortement élaborée — avec les actions particulières qui composent la dynamique du texte narratif. *La Grosse Femme d'à côté est enceinte* nous servira, là encore, de laboratoire pour observer la nette prédominance du féminin.

Événements et rencontres

Dès la première page, il est question d'un événement trivial, sans doute, puisqu'il se situe dans le domaine météorologique, mais un événement tout de même.

Ce 2 mai 1942 est une journée exceptionnellement chaude
(p. 13) : « C'est rare qu'on peut s'assir dehors un 2 mai,
hein ? » « Ouan… J'pense que c'est la première fois. » La
première fois, c'est l'occurrence par excellence qui définit
l'événement. Ce n'est pas l'importance intrinsèque de ce
qui arrive mais la rareté qui fait l'événement, le « record ».
Cependant, les tricoteuses discutent ici de cette rareté et
débouchent sur une série d'événements d'un autre ordre,
les maternités de Victoire : « […] j'me rappelle, l'année
que Victoire a eu Gabriel… » « C'tait pas l'année de
Gabriel, c'tait l'année d'Édouard, son deuxième… » Ici,
l'événement concerne des êtres humains, donc des réalités
individuelles, uniques. Leur naissance reste comme des
points de repère incontournables dans une temporalité
relativement large, à dimension sociale, comme si les
enfants de Victoire avaient marqué l'histoire humaine et
qu'il y avait *l'*année de Gabriel, *l'*année d'Édouard.

L'un des principaux événements dans le roman,
et c'est un événement multiple, concerne justement la
naissance à venir de sept enfants du quartier, dont les
mères sont toutes au huitième mois de leur grossesse.
Naître, voilà peut-être l'événement par excellence, dans
un monde veillé par des Moires qui tricotent intermina-
blement des « pattes » de bébés et qui sont essentiellement,
malgré leur antique association avec la fatalité, des
déesses de la naissance (voir p. 119-120).

Plus loin, Mercedes et Béatrice s'entretiennent de
leur travail. C'est la première fois qu'il est directement
question des hommes dans le roman (si l'on excepte les
fils de Victoire dont on mentionnait simplement la
naissance), et le premier spécimen est un vieux soldat qui
« n'a rien fait ». Événement… négatif ! Quant aux autres
soldats, Betty les voit comme des morts en sursis : « Rien
que de savoir que ben vite y vont partir se faire tuer dans
les vieux pays, ça m'écœure » (p. 17). La seule chose qui
peut arriver à des soldats, c'est de se faire tuer. Voilà qui

place d'emblée le sexe masculin sous le signe de l'absence, de la mort ou encore, de l'impuissance et de la vieillesse ; bref, du non-agir et du non-événement. Évidence confirmée par un passage ultérieur sur la guerre qui « avait kidnappé tous les mâles un tant soit peu en bonne santé, les avait ficelés, déguisés, endoctrinés, shippés de l'autre bord de la Grande Eau et les renvoyait au pays en morceaux ou dérangés » (p. 55). La guerre, événement traditionnellement perçu comme glorieux, n'auréole d'aucun prestige ces militaires conscrits le plus souvent malgré eux. Michel Tremblay, qui avait là l'occasion d'imaginer un héros, ne serait-ce qu'un héros manqué comme le « simple soldat » de Marcel Dubé, s'en abstient résolument. Le plus grand mérite de Paul, le mari d'Albertine, est de n'être pas là, à la maison, par conséquent de ne pas ajouter à la charge accablante des besognes domestiques, sans compter les si pénibles devoirs conjugaux. Paul n'a rien d'un héros, il est un poids de moins, tout simplement. Ce qu'on connaît de lui n'inspire aucune sympathie. La guerre, donc, grand événement politique et social de ces années-là, est traitée comme un anti-événement, à la mesure des mâles qui la font.

Dans les toutes premières pages, les événements sont donc mineurs ou négatifs. En voici un autre : Duplessis prend son repas. Or, « lorsque Duplessis mangeait, tout s'arrêtait dans le restaurant » (p. 18). Marie-Sylvia quitte ses clients pour assister à la cérémonie. Événement fort relatif, donc, puisque c'est Marie-Sylvia, et elle seule, qui valorise ainsi le repas de son chat. Événement *pour elle* : tel est le caractère habituel des événements que nous décrit Tremblay. Des valorisations subjectives, individuelles constituent l'événement, qui a fort peu d'importance en lui-même. De cette façon, le quotidien peut devenir tragique ou héroï-comique et la vie d'une famille, d'un quartier peut acquérir une dimension universelle : pas objectivement, mais pour tel ou tel personnage.

Autre type d'événement : la rencontre. La première qui nous est racontée est celle de Mercedes et de Béatrice, sur fond de la randonnée débridée des ménagères du Plateau qui prennent le tramway 52 pour se rendre dans les grands magasins du centre-ville (p. 19). En fait, les deux jeunes femmes ne voyagent pas en même temps que les commères, elles accomplissent simplement le même trajet ; mais leur mentalité n'est pas sans ressemblance avec la leur. Rita Guérin, personnage assez coloré, s'écrie : « J'aime mieux des voleurs le fun [il s'agit du magasin Eaton] que du monde honnête plate [le magasin Woodhouse] ! » (p. 20). La vie, dominée par une valeur : le « fun », peut excuser le vice quand la vertu est désolante. C'est ainsi que la Grosse Femme demandera à Édouard de lui raconter ses sorties (p. 35). Elle pourra ainsi se joindre par la pensée à une existence remplie d'événements, de rencontres (pour une fois, l'événement est du côté de l'homme — mais non du *mâle*, bien sûr) qu'elle ne peut vivre elle-même.

La rencontre de Mercedes et de Béatrice est un événement véritable, car elle détermine l'orientation de la plus jeune qui, le jour même, s'initie à la prostitution. On apprendra plus loin que les conseils de sa tante Ti-Lou la dirigeaient déjà de ce côté, mais on est frappé tout de même de l'esprit de décision de la jeune fille. Esprit qu'on ne trouve guère chez les hommes dont nous parle Tremblay[19].

L'événement vient donc actualiser les grands thèmes du roman : importance de la naissance, faiblesse de l'homme, dynamisme de la femme, etc.

Dans la petite saga quotidienne qui est au centre du premier livre des Chroniques, quelques événements émergent plus que les autres :

1. Thérèse, la veille, a arraché à sa mère la promesse d'être patiente et douce avec le petit Marcel (p. 27) ;

2. Édouard, qui ne fait jamais rien à la maison, prépare un petit-déjeuner «mémorable» (voir p. 32). Ce faisant, il revêt tout à fait les allures et s'arroge les fonctions domestiques d'une femme.

3. Victoire sort au bras d'Édouard, «cet énorme bébé qu'elle adorait mais qu'elle savait ridicule et même risible» (p. 83) et se rend rue Mont-Royal (voir p. 102 *et sq.*), ce qu'elle n'a pas fait depuis deux ans.

4. Albertine pique une crise d'hystérie en entendant la Grosse Femme et Gabriel faire l'amour (p. 86).

5. Événement fondateur, raconté en *flashback* : Édouard est conçu dans les buissons du parc Lafontaine, lors de l'inauguration ratée de la gondole (p. 139).

6. Formation du cortège : Victoire, Édouard, Mercedes, Béatrice, Gabriel, Richard, Thérèse, Philippe, Marcel et Duplessis reviennent tous ensemble du parc Lafontaine (p. 144). Josaphat et Laura Cadieux se joignent à eux pour le souper (p. 146 *et sq.*).

7. Esclandre : Albertine refuse de servir «les guidounes» et Victoire réagit en assumant seule le service de toute la table (p. 157 *et sq.*).

8. La Grosse Femme se lève et va s'asseoir sur le balcon (p. 183 *et sq.*).

Ces événements sont au centre de l'action puisqu'ils concernent les personnages principaux, mais ils ne sont pas nécessairement les plus éclatants. Ces derniers concernent plutôt les personnages secondaires, ou encore, des personnages importants, mais dans leur vie la plus intime :

1. L'appartement de Mercedes et de Béatrice est saccagé par trois soldats que Mercedes a volés pendant leur sommeil (p. 70) ;

2. Ti-Lou se rend compte que la gangrène, occasionnée par le diabète, a repris dans sa jambe, déjà amputée de moitié (p. 80), et elle se donne la mort (p. 159-161) ;

3. Richard, devant la cage vide des tortues, a sa première éjaculation (p. 81);
4. Richard rencontre Mercedes qui le décide à se confier à lui; elle fait son éducation sexuelle (p. 99);
5. Thérèse, au parc, trouble le gardien remplaçant, le beau Gérard Bleau, et fait éclore sa nature de pédophile (p. 106 *et sq.*);
6. Duplessis, le chat, est agressé par Godbout, le chien, qui le blesse à mort (p. 110-112);
7. Gabriel, à la taverne, connaît un cuisant échec oratoire quand Willy Ouellette, sans mauvaise volonté, le met en boîte au sujet de la conscription (p. 117-119);
8. Violette, en tricotant, fait une erreur; elle ferme le chausson et déclenche ainsi un événement funeste (p. 120) — ce sera la mort de Ti-Lou;
9. Béatrice et Mercedes, qu'Édouard emmène au Théâtre National, rencontrent l'entremetteuse Fine Dumas et cet événement est l'origine de leur brillant avenir (p. 177-178).

Dans tous ces événements, comme on le voit, ce sont surtout les femmes qui ont l'initiative :

• Thérèse protège son frère Marcel en demandant à sa mère d'être patiente avec lui;
• Victoire va se promener sur la rue Mont-Royal puis au parc Lafontaine, en traînant avec elle son fils Édouard qui fait figure de souffre-douleur;
• Ti-Lou se donne la mort, ce qui fait d'elle le personnage le plus tragique du roman;
• Thérèse, à onze ans, séduit le gardien du parc;
• Mercedes fait l'éducation sexuelle de Richard;
• deux grandes vedettes se font applaudir au Théâtre National : la Poune et Juliette Petrie, qui sont un peu les idoles du quartier.

On peut tout de même relever des cas d'initiative masculine, mais ils concernent surtout la génération des « anciens » :

* Télesphore, le mari de Victoire, déclenche la rigolade, lors de l'inauguration ratée de la gondole (p. 138) ; et il conçoit son fils Édouard dans les buissons (p. 139) — à vrai dire, grâce à un subterfuge de Victoire. Mais le même Télesphore, qualifié ailleurs de « si doux mais si mou » (p. 119), n'a rien d'une forte tête.
* Josaphat-le-Violon agit en protecteur de Victoire ; et il fait transporter la Grosse Femme sur le balcon. Mais il appartient à la civilisation rurale (Duhamel), qui est patriarcale (pourtant, il a été élevé sous la coupe de sa grande sœur Victoire...). Et puis, nous l'avons vu, Michel Tremblay lui-même le juge avec sévérité : « Josaphat a beau être un excellent conteur d'histoires, c'est un lâche terrible. Il n'a rien fait de sa vie. Toujours ivre, il récitait des poèmes à la lune » (*Pièces à conviction*, p. 133).
* Quant à Édouard, être ambigu, il a une vie de loisirs relativement libre que lui envie la Grosse Femme, mais ses sorties dans les clubs ne constituent guère de grandes aventures. La préparation d'un petit déjeuner, chose tout à fait exceptionnelle pour lui, n'est pas en soi un exploit remarquable. Au fait, c'est dans la mesure où il laisse libre cours à la part féminine de sa personnalité qu'il est actif, dynamique.
* Gabriel, de son côté, voit dégonfler sa réputation d'orateur de taverne. La supériorité fictive qui est la sienne est donc anéantie.

Il y a un autre personnage, plein de fantaisie et assez sympathique malgé sa vulgarité et une certaine cruauté, Mastaï Jodoin[20]. Mastaï est capable d'initiatives, mais il les gâche par son humour douteux : il ne sait pas où s'arrêter (voir p. 172); et Gabrielle, sa femme, lui tient tête. C'est ainsi que les «beaux-frères» se retrouvent au National ou à la taverne pendant que les «sœurs» se regroupent sous la houlette de leur mère, Rita Guérin (p. 174-175). La ségrégation est la tendance naturelle du petit monde du Plateau.

■ ■ ■

Parmi les événements, on peut distinguer une classe en particulier, celle de la formation de groupes, ces groupes réunissant des destinées précédemment entrevues individuellement.

- Il y a, par exemple, la réunion du groupe familial, à l'occasion du petit déjeuner préparé par Édouard (p. 30 *et sq.*), et c'est un tremplin narratif vers d'autres occurrences mémorables, rappelées en *flashback*.
- Il faut noter que, plus tôt encore dans le roman, à l'occasion du récit de la rencontre de Mercedes et de Béatrice, l'auteur a évoqué le groupe pittoresque des ménagères du Plateau Mont-Royal descendant au centre-ville pour faire leurs emplettes (p. 19-20).

Dans l'ordre de leur apparition, et en faisant abstraction des tricoteuses, groupe très particulier qui n'est pas mêlé directement à la vie du milieu, on observe donc la succession suivante :

a. groupe social (femmes du quartier), purement féminin ;
b. groupe familial, mixte (petit déjeuner) ;
c. groupe familial et en partie social, mixte, du cortège au parc Lafontaine (les éléments non familiaux sont Mercedes, Béatrice et Duplessis) ;
d. groupe familial élargi au souper, comprenant toute la famille plus Josaphat-le-Violon, Laura Cadieux sa

fille, Mercedes et Béatrice ; c'est le groupe le plus
vaste du roman, et il est mixte ;

e. groupe familial restreint de Rita Guérin et de ses
quatre filles, dont trois sont mariées et enceintes ;
purement féminin ;

f. groupe social, purement féminin, de la Grosse Femme
et des six autres femmes enceintes de la rue Fabre.

Le dernier groupe ressemble au premier (femmes
du quartier), mais il est plus homogène. Les femmes
enceintes forment une sorte de collectif « sororal », le lien
social y a quelque chose d'un lien familial, organique,
grâce à la position symbolique de mère assumée par la
Grosse Femme. De ce fait, le collectif représenté se rapproche de cet autre groupe familial et purement féminin,
présent dans tout le roman, qu'est le groupe de Florence
et de ses filles, groupe justement occupé à nouer les liens
de la vie.

On part d'un groupe social, hétérogène bien que
purement féminin, celui des ménagères du quartier, pour
aboutir à un groupe social homogène, féminin et non
familial sinon au sens symbolique, en passant par la
médiation de divers groupes familiaux qui introduisent
la mixité — mais celle-ci est finalement évacuée, comme
le montre l'exemple de la famille Guérin où, à toutes fins
utiles, on congédie les maris.

Le groupe familial est mixte, mais le groupe social
tend à l'homogénéité, non seulement de conditions
(femmes enceintes) mais de sexe. On pourrait évoquer
aussi le groupe des hommes à la taverne, digne pendant
de celui des ménagères qui vont faire leurs emplettes. La
tendance à l'homogénéisation du groupe social prend
finalement la forme d'une familialisation : la Grosse
Femme est la mère des six femmes enceintes, tout comme
Florence est la mère des trois tricoteuses. En somme, tout
le roman suggère, sur le plan symbolique, la constitution

d'une société qui serait une immense famille, purement féminine, un monde de belles-sœurs en somme — sans doute parce que, dans l'univers de Michel Tremblay, il est très difficile d'être un homme. Cet univers, du reste, malgré ce qui le particularise, n'est nullement étranger aux réalités et aux interrogations contemporaines, ce qui explique en partie l'immense succès des romans et du théâtre de Tremblay. En effet, il est assez difficile de reconduire, dans le monde actuel, les schèmes traditionnels de la paternité et de la virilité, et ce malaise de la modernité se traduit, chez Tremblay, par l'exaltation, évidemment un peu suspecte, de la figure féminine. La femme est portée aux nues, la famille et la société se constituent autour d'elle, et cette démission de l'homme a des fondements évidents dans la réalité proprement sociale, au Québec et, sans doute, à une échelle plus vaste encore.

Notre démonstration concernant l'omniprésence du féminin (sans parler du théâtre, tout particulièrement des *Belles-Sœurs*, où elle est si évidente) a porté sur le premier roman des Chroniques seulement, mais on peut l'étendre à d'autres, notamment au deuxième dont le titre, *Thérèse et Pierrette à l'école des Saints-Anges*, est déjà en lui-même révélateur.

Un autre roman de femmes

Dans *La Grosse Femme d'à côté est enceinte*, les tricoteuses, Victoire, Albertine, la Grosse Femme, Ti-Lou, Mercedes et Béatrice, Thérèse, sans compter un grand nombre de figures moins importantes, éclipsaient facilement les principaux rôles masculins : Édouard et Gabriel. Josaphat-le-Violon est certes une figure plus forte, mais il reste un personnage épisodique, présent surtout à la fin du roman. Il y aurait aussi Gérard Bleau, mais il est l'exemple même de la soumission au pouvoir féminin. Du côté des enfants, l'élément masculin est mieux représenté.

On retrouve une situation semblable dans *Thérèse et Pierrette*, et même, une absence plus poussée encore de l'élément masculin. Édouard, qui acquerra beaucoup d'importance dans les deux romans suivants, est presque totalement absent de *Thérèse et Pierrette*, et Gabriel y figure très peu. Les grands rôles sont tenus par le trio Thérèse-et-Pierrette composé, comme on le sait, des deux fillettes, Thérèse (sans nom de famille) et Pierrette Guérin, et de Simone Côté ; par mère Benoîte des Anges, directrice de l'école ; sœur Sainte-Catherine et son amie, sœur Sainte-Thérèse de l'Enfant-Jésus ; et par deux autres religieuses qui sont aussi d'anciennes grandes amies, et qui vont renouer leurs liens à la suite des vexations que leur fait subir mère Benoîte : sœur Saint-Georges (dite sœur Pied-Botte) et sœur Sainte-Philomène. Du côté des hommes, le docteur Sansregret et monseigneur Bernier font figure de personnalités assez fortes (ils sont deux destinateurs sur le plan social : l'un, destinateur bienfaisant, du côté de la vie ; l'autre, destinateur malfaisant, du côté de la religion), mais leur présence est très limitée. Le « mâle » le plus présent, c'est Gérard Bleau, jeune homme que distingue un attribut traditionnellement féminin, la beauté, et qui se débat contre le pouvoir destructeur d'une fillette, Thérèse, dont la beauté et la personnalité, déjà très affirmées à onze ans, l'ont totalement subjugué[21].

Sur le plan symbolique, comme on l'a vu, c'est encore une femme, la Vierge Marie, qui est en vedette puisqu'elle se substitue au Christ qui devrait ici être honoré.

Mais la Mère de Dieu, c'est la Vierge immaculée ; et la thématique de la gestation qui baignait le premier livre des *Chroniques* est à peu près absente du second, même si les sept femmes enceintes n'ont pas encore accouché et en sont à leur dernier mois de grossesse. Seul le segment consacré à la Grosse Femme, assise sur son lit d'hôpital parce que son obésité accrue l'empêche de s'allonger, rappelle le grand thème du premier livre. En fait, ici, la maternité, sur le plan symbolique, se résume plutôt dans la figure paradoxale d'une Mère mauvaise, mère Benoîte des Anges, religieuse détraquée non seulement qui ne connaîtra jamais l'enfantement, de par sa vocation, mais qui ne comprend rien aux enfants. Les tricoteuses, pour leur part, semblent avoir rangé leurs tricots et s'être métamorphosées en Muses. Au lieu de tricoter des « naissances », d'être à la fois les destinatrices de la vie et les adjuvantes de la naissance, elles s'en tiennent à leur seul rôle de destinatrices en assumant, auprès de Marcel, la tâche d'éducatrices. Mauve fait découvrir le piano à l'enfant, comme elle avait enseigné le violon à Josaphat (p. 383) ; et si Mauve est la Muse de la musique instrumentale, Violette est celle du chant et Rose, celle de la poésie (p. 382). À elles quatre (en incluant Florence), les tricoteuses remplissent à peu près tous les rôles qu'assumaient les Muses antiques. Ensemble, elles ont transmis à Josaphat les « légendes orales » de son pays (pensons à Calliope, muse de la poésie épique), les airs de violon (Polymnie, muse de l'harmonie) et les chansons, soit gaillardes (Érato, muse de la poésie érotique), soit sages (Melpomène, muse du chant), qui constituent le patrimoine poétique et musical du Québec. Cette tradition a sans doute un rapport, comme telle, avec Florence, muse de l'Histoire (telle Clio) puisque c'est elle qui a la garde de la Mémoire (mémoire de la famille de Victoire ; voir *La Grosse Femme*, p. 119-120) [22].

Étant donné que, dans *Thérèse et Pierrette*, la principale destinatrice est une directrice d'école, il est significatif que les bonnes destinatrices de la rue Fabre deviennent elles aussi des éducatrices, peut-être pour faire contrepoids aux mauvaises destinatrices associées à l'école. Car, globalement, l'école apparaît comme un lieu d'oppression, idéologique et affective. Elle est associée à la religion, qui a quelque chose de morbide et de destructeur. La sortie de

Charlotte Côté contre la directrice est fort éloquente sur ce sujet (p. 250-253).

Pourtant, il faut voir que, malgré ce qui fait de l'école un lieu d'épouvante, plusieurs des religieuses qui nous sont dépeintes, et même la plupart, sont des femmes généreuses et sympathiques, victimes elles-mêmes d'une oppression. Certaines d'entre elles sont vulgaires, soit dans leur langage (sœur Saint-Georges), soit dans leurs manières, en particulier leurs manières de table (sœur Sainte-Philomène), elles n'en sont pas moins des auxiliaires ou des éducatrices dévouées et aimées des enfants.

Mais sœur Sainte-Catherine et sœur Sainte-Thérèse de l'Enfant-Jésus, en plus d'être sympathiques, ont de la lucidité et de la finesse, et la critique de la religion que fait Michel Tremblay dans son roman est d'autant plus efficace qu'il se tient aux antipodes du dénigrement systématique des religieuses, si fréquent dans la génération de *Refus global*. De toutes les figures de femme que Michel Tremblay nous présente dans les deux premiers tomes des *Chroniques*, celle de sœur Sainte-Catherine est certainement l'une des plus attachantes par la maturité, la liberté intérieure, le courage, l'intelligence, la cordialité qu'elle manifeste. On est loin des aigreurs d'Albertine, des côtés fantasques de Victoire, de la lourdeur au moins physique de la Grosse Femme. Le dynamisme et le sens de l'organisation sont d'autres qualités qu'il faut lui reconnaître — qualités bien féminines, faut-il croire! Sœur Sainte-Catherine est une femme active, qui organise chaque année le spectacle de la Fête-Dieu, sans se méprendre sur la signification réelle de cette exhibition qui tient plus des rites orgiaques ou du carnaval que de la piété véritable. Finalement, à travers cette représentation artificieuse qu'est le reposoir, et aiguillonnée par les tracasseries de mère Benoîte des Anges, c'est sa vocation que sœur Sainte-Catherine apprend à remettre en question — au moment même où mère Benoîte croit se venger de façon éclatante en supprimant la tradition du reposoir (dont elle découvre d'ailleurs elle aussi, bien après sœur Sainte-Catherine et le docteur Sansregret, le côté tout à fait minable [p. 381]). Sœur Sainte-Catherine est prête à envisager sa vie en dehors des voies de la communauté, et à y expérimenter éventuellement, avec sa tendrement aimée Sainte-Thérèse de l'Enfant-Jésus, un bonheur que la vie en religion ne peut que profaner.

■ ■ ■

Centré sur la vie des fillettes, Thérèse, Pierrette et Simone, et sur l'institution scolaire qui se confond avec celle de l'Église, l'enseignement étant dévolu aux religieuses, le deuxième roman des Chroniques nous plonge, mieux encore que le premier, dans l'atmosphère du quartier. La dimension institutionnelle qu'on y trouve brillamment évoquée est associée à des variantes importantes de la thématique, notamment en ce qui touche à la dégradation de la figure maternelle. Mère Benoîte des Anges, surnommée par les enfants « Dragon du Yable », est une incarnation de la Lune mauvaise — tout le contraire de la Grosse Femme et de la bienveillance qu'elle représente. La Vierge qui trône sur le reposoir de la Fête-Dieu, tout en affirmant la perversion du masculin et du féminin, est un symbole de la stérilité des valeurs catholiques, opposées à celles, fécondes, que représentent les païennes tricoteuses de *La Grosse Femme*[23]. Le féminin est donc toujours au centre, mais il peut s'assombrir, précisément s'il se place sous la coupe d'une Église millénaire et de tradition masculine (représentée ici par monseigneur Bernier, curé de la paroisse).

Les romans suivants des Chroniques feront une place plus grande aux personnages masculins, Édouard (dont la masculinité est problématique) puis Marcel, mais ceux-ci évolueront toujours en relation avec un féminin essentiel, soit qu'ils se l'approprient « parodiquement » en se faisant duchesse de Langeais, soit qu'ils le réalisent magiquement en transformant la mère en Lune, par le feu mis à ses cheveux.

► **NOTES**

1   L'univers de Tremblay est vraiment *a priori* un univers de femmes, et
    ce n'est pas par hasard que l'action du roman se situe en pleine crise de
    la conscription. C'est une époque où les hommes courageux sont
    censés être à la guerre, donc absents, et où les « pissous », les peureux,
    rendent leur femme enceinte pour bénéficier d'une dispense. Dans ce
    contexte, les femmes ont naturellement le haut du pavé.
    Michel Tremblay, dans une interview accordée à Jacques Larue-
    Langlois dans le magazine *Perspectives*, le 20 décembre 1969, donnait
    cette autre explication à la domination des femmes dans notre
    société : « Les femmes mènent chez nous parce qu'elles sont tellement
    frustrées sexuellement [...]. Le contexte religieux a longtemps empê-
    ché les Québécoises de jouir ; elles se soumettaient mais menaient la
    maison (p. 7) ».

2   Il est réchappé miraculeusement par les tricoteuses, mais son exis-
    tence sera désormais « métaréelle ».

3   Poète grec des VIIIe et VIIe siècles avant J.-C.

4   On lira là-dessus Jean LeMoyne, « La femme dans la civilisation
    canadienne-française », *Convergences*, Montréal, Hurtubise HMH,
    1961, 324 p.

5   Il y a six fonctions actantielles, ou actants, susceptibles de rendre
    compte d'un nombre infini de situations dramatiques ou narratives :
    le Sujet désire un *Objet* qu'un *Destinateur* adresse à un *Destinataire*,
    et se bute à un *Opposant*, mais reçoit l'appui d'un *Adjuvant*. Voir
    A.J. Greimas, *Sémantique structurale*, Paris, Larousse, 1966, p. 172-191.
    Nous retiendrons surtout la fonction de Destinateur (en l'occurrence,
    Destinatrice), lequel s'institue le maître du désir du Sujet.

6   A.J. Greimas et J. Courtés, *Sémiotique, dictionnaire raisonné de la
    théorie du langage*, Paris, Hachette université, 1979, 424 p.

7   *La Maison suspendue* (1990) apportera des précisions : Télesphore,
    enfant, est un camarade de jeu de Victoire et de Josaphat à Duhamel.

8   Tout nous est montré du point de vue du personnage.

9   L'auteur présente un point de vue plus vaste que celui du personnage,
    ou différent de lui.

10 Le personnage est montré de l'extérieur, comme au cinéma ou au théâtre.

11 Au sujet de cette qualité d'aînée, il faut signaler une contradiction
    dans le roman. À la page 83, il est question de « Josaphat-le-Violon, le
    frère aîné de Victoire » et, à la page 155, on lit : « Victoire avait huit ans
    de plus que Josaphat-le-Violon et c'était elle, en grande sœur dont la
    mère est trop occupée, qui l'avait élevé, l'entourant d'attentions et
    d'amour... » Dans *La Maison suspendue*, pièce postérieure au roman,

l'inconséquence est maintenue puisque Victoire pense à Josaphat comme à son « grand frère » (Leméac, 1990, 122 p. ; p. 21).

12   *Ibid.*, p. 112-113.

13   On peut se souvenir de Chateaubriand et de l'évocation, dans *Atala*, de la société primitive : « Je ne vous parlerai point [dit le père Aubry à Atala] des mariages des premiers-nés des hommes, de ces unions ineffables, alors que la sœur était l'épouse du frère, que l'amour et l'amitié fraternelle se confondaient dans le même cœur, et que la pureté de l'une augmentait les délices de l'autre. » (Chateaubriand, *Œuvres romanesques et voyages*, I, Paris, Gallimard, coll. « Pleiade », p. 81-82.) À l'origine, famille et société coïncident. C'est un peu cette fusion qui tend à se réaliser au cours de *La Grosse Femme*, mais sur la base d'une exclusion des hommes.

14   Dans la première version de *En pièces détachées*, on lit une description hallucinante de la maison de la rue Fabre telle que vue par une voisine (*En pièces détachées et La Duchesse de Langeais. Version pour la télévision*, Montréal, Leméac, 1970, 93 p. ; p. 28).

15   Dans *Albertine en cinq temps* (*Théâtre I*, Leméac/Actes Sud, 1991, 442 p. ; p. 341-388) sont confrontées cinq hypostases du personnage : Albertine à trente, quarante, cinquante, soixante et soixante-dix ans.

16   Plus exactement, cinq femmes de la rue Fabre et une autre, Laura Cadieux, en visite chez sa « tante ».

17   Dans un roman intitulé *Le Loup*, Marie-Claire Blais faisait d'un jeune homosexuel un rédempteur... Mais Mercedes aussi, la prostituée, est un prêtre qui reçoit la confession des mâles et qui leur donne l'absolution (voir p. 99).

18   *Albertine en cinq temps* contient des passages très durs sur cette déchéance. Il est vrai que c'est le point de vue d'Albertine qui s'y exprime ; mais on est aux antipodes de la vision presque favorable qui s'applique, dans *La Grosse Femme*, à Mercedes et à Béatrice, voire à Ti-Lou, malgré les aspects avilissants du métier.

19   Prenons un exemple parmi bien d'autres, et précisément celui d'Édouard, pourtant dégourdi et capable d'action quand il s'agit d'affirmer sa féminité. Un jour, exaspéré une fois de plus par sa mère, il parle de l'étrangler et Victoire a ce commentaire significatif : « Ben oui, je disais ça, justement, à Bartine, l'autre jour : "Pour moé, Édouard va finir par m'étouffer ! J'ai assez hâte ! Pour une fois qu'y va se décider à faire quequ'chose dans sa vie !" » (p. 58). De ce point de vue-là, Édouard est vraiment un homme : il ne fait rien ! On peut penser également à la grosse baleine blanche qu'est le mari de Claire Lemieux — c'est elle qui le fait vivre. Gérard Bleau, lui aussi, se laisse vivre par les femmes, etc.

Dans ses entretiens avec Luc Boulanger, Michel Tremblay dira : « À l'époque de mes grands-parents et de mes parents, ce sont les femmes qui agissaient. C'est grâce aux femmes qu'aujourd'hui nous parlons encore le français au Québec ! » (Luc Boulanger, *Pièces à conviction*, p. 133). L'écrivain confie aussi avoir « été élevé par six femmes à la fin des années quarante » (*Ibid.*, p. 24).

20 Le pape Pie IX s'appelait Mastaï, de son nom de famille.

21 L'intrigue amorcée dans *La Grosse Femme* trouve ici sa conclusion provisoire puisque, dans *La Duchesse et le roturier*, dont l'action se passe cinq ans plus tard (1947), Gérard Bleau sera conducteur de tramway, vivra sans aucun lien avec Thérèse (il sera guéri de sa pédophilie) et semblera parfaitement heureux de vivre. En fait, ce sera un répit puisque, dans *Le Premier Quartier de la lune* (tout comme dans *En pièces détachées* ou *Albertine en cinq temps*), nous le retrouverons marié à Thérèse depuis quelques mois (et le mariage va déjà très mal), mais l'action de cet avant-dernier roman des Chroniques se passera encore cinq années plus tard (1952).

22 Dans son étude déjà citée, Laurent Mailhot rapproche Mauve d'Euterpe, muse de la flûte et du dithyrambe. Mauve enseigne la musique à Marcel. « Michel Tremblay, ou le roman-spectacle », p. 168.

23 Dans *La Grosse Femme d'à côté est enceinte*, on lisait déjà une véhémente mercuriale de l'auteur contre la religion catholique qui rabaisse la femme enceinte : « Écrasées par cette religion monstrueuse qui défendait toute sorte de moyen de contraception, cette religion fondée sur l'égoïsme des hommes, pour servir l'égoïsme des hommes, qui méprisait les femmes et en avait peur au point de faire de l'image de la Mère, la Vierge Marie, Mère de Dieu, une vierge intacte et pure, inhumaine créature sans volonté et surtout sans autonomie […], les femmes canadiennes-françaises, surtout celles des villes, avaient fini par ressentir une honte maladive d'être enceintes » (p. 148-149).

CHAPITRE SEPT

Motifs en filigrane

La Lune occupe, nous l'avons vu au cours des chapitres III à V, une place centrale dans l'imaginaire de Michel Tremblay, tel du moins qu'il s'exprime dans son œuvre romanesque la plus importante. Les personnages cherchent tous à fuir la réalité qui les oppresse et à se réfugier dans le giron d'une présence rassurante, maternelle, que la pleine lune symbolise mieux que tout. Autour de ce symbole polyvalent se greffent divers autres objets ou divers aspects de l'existence, qui participent de son dynamisme. Ces schèmes ou motifs n'ont pas la visibilité de thèmes plus universels — ces lieux communs ou *topoï* qui forment le tissu des œuvres littéraires —, mais l'attention aux récurrences du texte les met en lumière. Tel est, par exemple, le motif de la coupure, que j'analyserai en premier lieu. D'autres éléments thématiques participent à l'élaboration de la signification dans ses manifestations abstraites, comme la peur qui est un état de conscience pénétré d'affectivité, mais qui inspire une vision du monde, ou ses manifestations concrètes et imprégnées de matérialité (l'excrément, l'obésité, etc.). Je m'en tiendrai à quelques motifs seulement et les étudierai surtout dans les deux premiers tomes des Chroniques, qui jettent les bases de tout l'imaginaire de la série.

La coupure

On peut d'abord être attentif à une certaine façon qu'a l'auteur de présenter l'événement, de le mettre en valeur par l'écriture et de lui conférer une dimension symbolique.

Voyons, par exemple, la scène du baiser et le récit de la transformation qui s'opère chez Gérard Bleau quand Thérèse arrive au terme d'une habile entreprise de séduction :

> Elle se pencha, sérieuse, l'embrassa sur la bouche. Ce fut très court mais une profonde détresse s'insinua en Gérard, plus, la peur, la vraie, mêlée de culpabilité et de remords, une totale panique comme s'il venait de poser un geste irrévocable qui coupait sa vie en deux parties distinctes : celle d'avant la petite fille, celle d'après. (p. 109)

L'événement, c'est ce qui produit la coupure essentielle. En un instant, tout est changé, on passe d'un extrême à l'autre — par exemple, du bonheur au malheur. Dans les tragédies de Racine, l'hémistiche « tout a changé de face » signale habituellement le passage du temps ordinaire au temps tragique. L'événement constitue le temps en deux parties égales et de sens contraire : d'une part, le passé, temps heureux, privilégié, celui de l'innocence et de la tranquillité ; d'autre part, le présent, temps de la chute, de la dégradation, de la faute. Gérard Bleau se sent coupable, et il sent aussi qu'il ne peut rien contre la faute, qu'elle le possède tout entier désormais.

La même coupure s'annonçait déjà dans un passage antérieur, concernant les mêmes personnages, mais perçus du point de vue de témoins éloignés, Philippe et Marcel :

> Le rire de Thérèse traversa le terrain de jeux, déchirant l'après-midi en deux. Thérèse ne riait de cette façon que lorsque quelque chose de très important se produisait et

son rire était toujours la ligne de démarcation, le point limite entre deux périodes, celle d'avant son rire, celle d'après. (p. 94)

Formule tautologique, en vérité, mais très proche de la précédente : « celle (la vie) d'avant la petite fille, celle d'après » (p. 109). Ce qui veut dire que les choses se passent pour Gérard Bleau exactement de la même façon que pour la petite Thérèse, qui a, du reste, l'initiative de la quête amoureuse et qui impose au partenaire de son choix les modalités de l'événement vécu. L'aspect tranché, irrévocable, décisif de l'événement montre bien l'intrusion, dans la vie des personnages, d'un absolu ou d'un infini, lequel ne peut être que le Mal (plus précisément ici, la Chair).

Richard, devant la cage vide des tortues (p. 80-81), fait une expérience semblable à celle de Thérèse et de Gérard Bleau, même si elle est moins explicitement perverse. En fait, l'identification de Richard aux tortues, puis ses fantasmes sadiques dirigés contre son frère Philippe, qu'il frappe, écorche, taille en pièces, étrangle pour finir, sont passablement pervers et ce sont eux qui déterminent sa première éjaculation, donc un événement intime qui coupe sa vie en deux et constitue un important rite de passage. Aussitôt après, la sympathique Mercedes l'initiera aux mystères de la sexualité, il connaîtra tout des choses de la vie. Dans cet Éden modeste qu'est le parc Lafontaine, il goûtera les fruits de l'arbre de la connaissance du Bien et du Mal.

On pourrait rapprocher ces événements, où la chair, à la fois crainte et désirée, joue un rôle essentiel, de l'épisode dans lequel Albertine, femme frustrée et émotivement survoltée, interrompt (coupe en deux, en quelque sorte) les ébats amoureux de son frère et de la Grosse Femme :

Sa tête la faisait souffrir terriblement et elle s'arrêtait parfois au milieu du corridor ou dans la porte de la cuisine, comme frappée de stupeur, des larmes plein les yeux, des sanglots lui secouant les épaules, jusqu'au moment où, n'y tenant plus, elle se jeta contre la porte fermée et se mit à frapper de toutes ses forces avec son bras droit, hurlant d'une voix désespérée : « Vous avez pas le droit d'aimer ça ! Vous avez pas le droit ! Pas dans ma face ! Pas tant que chus là ! Vous avez toutes les nuits pour cacher vos cochonneries, laissez-moé donc mes journées ! » La porte s'ouvrit et Albertine tomba dans les bras de son frère (p. 86).

Tomber dans les bras de quelqu'un, n'est-ce pas l'expression habituelle de la capitulation amoureuse, de l'abandon de soi à l'autre ? Souvenons-nous ici qu'Albertine, dans *La Maison suspendue*, est comme Gabriel, son frère aîné, l'enfant de Victoire et de Josaphat. Bien entendu, cette hérédité incestueuse, qui tendrait à s'actualiser dans le présent, est refoulée, ou sans doute tout simplement ignorée d'Albertine.

La crise d'Albertine est déterminée par le scandale d'un amour heureux, de l'amour qu'on aime faire et qu'on fait ouvertement (ou presque), sans respecter les convenances qui imposent de le cacher dans l'espace réservé de la nuit. L'amour est donc quelque chose de honteux, mais aussi d'attirant, et le comportement hystérique d'Albertine montre bien qu'elle est physiquement attirée par son frère, dans les bras duquel elle aboutit. L'amour fait événement parce qu'il concerne lui aussi la coupure — entre le jour et la nuit, l'intérieur et l'extérieur, le privé et le public —; la porte fermée de la chambre matérialise cette coupure contre laquelle s'insurge Albertine, qui se sent exclue.

Une autre coupure, décrite plus loin, est celle que constitue le soleil couchant. Le spectacle, cette fois, est purificateur, il apporte la paix, mais il n'en connote pas moins la dépense amoureuse :

[Béatrice se parle à elle-même :] Comme disait si bien ma grand-mère : « Y a rien qu'est assez important pour remplacer le seul show gratis que le bon Dieu nous a donné. Si t'as des problèmes au coucher du soleil, laisse-les tomber pis va te pâmer devant l'orgie de couleurs que ton créateur se paye tou'es soirs, ça console, ça lave, ça purifie. » A l'avait ben raison, la vieille tornon. Le coucher du soleil, c'est comme un coup de couteau qui coupe la journée en deux ! Quand tu regardes ça, t'es pas heureux, t'es pas malheureux, t'es p'tit. (p. 124)

Cet événement, cette fête, c'est la beauté prodigieuse d'un spectacle cosmique en même temps que le passage du jour à la nuit, d'un extrême à l'autre. Mais cet événement, à la fois grandiose et familier, quotidien, n'est pas sans connoter la sexualité puisqu'il est défini comme une orgie de couleurs, orgie que le créateur se paye tous les soirs comme un débauché s'offre une bacchanale… On entrevoit ici l'idée (elle est connotée, non dénotée) que l'orgie est purificatrice et que, en conséquence, les prostituées, comme Ti-Lou, Mercedes, Béatrice, sont les prêtresses d'un culte qui, pour être réprouvé, n'en est pas moins sacré. On peut se rappeler ici certains écrits de Marie-Claire Blais, par exemple *Le Loup* (cité plus haut) : l'être maudit — le prostitué, le délinquant, le déviant sexuel — est le véritable porteur du sacré. Et n'est-il pas significatif que le même animal rebelle fournisse un nom de guerre à la louve d'Ottawa ?

Thématiquement, l'événement, qui introduit une coupure entre l'avant et l'après, suggère le passage d'un seuil et, sans doute, l'accomplissement d'une mise au monde, d'un enfantement. Ce qui n'est pas sans importance dans un roman où l'enfantement à venir, où la *gestation* est un thème majeur.

De ce point de vue, le récit de Josaphat qui nous montre des chevaux surnaturels arrachant péniblement la lune aux flancs de la montagne puis la libérant dans le ciel (le bris des chaînes est une coupure) raconte l'événement symbolique par excellence : la mise au monde de la déesse-mère, au centre de tout.

L'événement, c'est donc ce qui fait coupure, généralement à propos des choses du sexe, très présentes dans le livre (notons une importance égale, dans *La Grosse Femme d'à côté est enceinte*, des deux versants de la sexualité : la prostitution, qui concerne le plaisir du sexe, et la grossesse, qui concerne la fonction de reproduction). Mais l'événement s'étend à toutes sortes d'aspects du vécu, individuel ou collectif. Voyons-en quelques-uns, maintenant, dans *Thérèse et Pierrette à l'école des Saints-Anges*.

Dans ce deuxième tome des Chroniques, la coupure existe d'abord en relation avec la figure importante de Simone, surnommée Bec-de-Lièvre. Son infirmité consiste dans une fente congénitale de la lèvre supérieure (et, sans doute, de la voûte palatine). L'événement consiste ici dans la suppression de cette fente — thématiquement, c'est la négation de la négation, une sorte de contre-coupure... —, grâce à une intervention chirurgicale qui laisse, tout de même, une trace :

> Thérèse et Pierrette contemplèrent un long moment la fine ligne de chair rose qui barrait verticalement la lèvre supérieure de Simone, trop visible à leur goût mais tellement moins laide que l'affreux bec-de-lièvre dont avait toujours été affligée leur amie. (p. 198)

La coupure, en somme, subsiste, mais elle annonce que la laideur a fait place à la beauté, que la vie de Simone est radicalement transformée, que la fillette a cessé d'être Bec-de-Lièvre pour devenir Simone Côté. Le thème de la coupure ici est lié à celui, beaucoup plus important dans *Thérèse et Pierrette* que dans *La Grosse Femme*, de la beauté — la beauté qui peut succéder à la laideur (comme c'est ici le cas), ou qui peut être une erreur d'appréciation et porter en elle la laideur même, comme c'est le cas pour le reposoir. Au fait, la beauté n'est de tout repos pour personne : elle entraîne Thérèse et Gérard dans une aventure infernale, et à la fin du roman, Simone elle-même qui avait accueilli sa transformation avec tant de joie et d'espoir, conclut que « le prix à payer était trop élevé » et décide « qu'elle ne voulait plus être belle » (p. 392). La coupure entre le temps où Simone était laide et celui où elle est belle, bien que décisive en apparence, ne l'est pas vraiment, et tout se passe comme si le roman s'employait à la remettre en question. Tel est d'ailleurs le sens de l'intervention hostile de mère Benoîte, dès le début du livre : il ne faut pas que Simone soit belle. Au fait, dans l'une des rares anticipations du roman (p. 269), on retrouvera Simone en compagnie de Thérèse et de Pierrette ; toutes trois sont des prostituées à l'emploi de Betty Bird, et ses amies appellent Simone « Bec-de-Lièvre », ce qui semble être redevenu son nom courant. Rien n'aura donc eu lieu[1].

Une coupure, radicale sans doute, mais qui n'en est pas une : voilà qui est conforme à un univers romanesque où les événements n'en sont pas toujours, sont même fréquemment en-dessous de ce qu'ils promettent d'être. Dans l'espace du rêve, les événements ont des chances de se réaliser avec une certaine netteté, les huit chevaux merveilleux lâchent la lune en plein ciel. Mais dans la réalité, ce qui s'annonce comme fait mémorable, comme rupture éclatante, prend souvent une allure décevante. C'est dans cette perspective qu'il faut comprendre de nombreux épisodes : la procession gâchée par l'orage qui vient éclater au-dessus du reposoir, voilà le symbole même de l'événement raté (sur le plan collectif), tout semblable à celui de l'inauguration de la gondole au parc Lafontaine. Autre exemple d'événement avorté (cette fois, sur le plan individuel) : Gérard approche enfin Thérèse, ou plutôt, c'est elle qui vient à lui ; il la prend dans ses bras, mais c'est pour l'implorer de se sauver, et il la laisse partir sans rien lui faire. Thérèse en est plus déçue que troublée (p. 311-312). Puis Gérard décide de se suicider — et il ne le fait pas (p. 314-316). Encore un exemple : mère Benoîte veut chasser sœur Sainte-Catherine, sur-le-champ ; mais sœur Sainte-Catherine lui rappelle la Fête-Dieu qui approche et qu'elle a charge de préparer (p. 218) ; et finalement, monseigneur Bernier intervient en sa faveur ; et même là, la décision de sœur Sainte-Catherine de quitter la communauté enlève toute pertinence à l'intervention du curé. Par ailleurs, sœur Sainte-Catherine se remet très vite de la détresse profonde où l'a plongée la perspective d'être séparée de sœur Sainte-Thérèse de l'Enfant-Jésus. Le grand coup porté par mère Benoîte prend donc vite des allures de coup d'épée dans l'eau. Ceci nous rappelle que l'action, dans les Chroniques, n'a nullement le caractère articulé de l'action dans le roman traditionnel. Un seul événement semble marquer un certain triomphe, avoir un caractère net et décisif, mais il ne se produit pas sous nos yeux, il reste un événement à venir puisque le roman se termine avant qu'il ait lieu, et c'est le départ de sœur Sainte-Catherine, qui quitte sa communauté.

Même si la coupure s'avère souvent fausse ou décevante, elle est un thème bien présent, et souvent à une échelle narrative très restreinte, c'est-à-dire dans la narration de menus faits de la vie quotidienne. Dès la première page, on trouve ce passage significatif :

> [Pierrette :] « C'est vrai que [les cœurs saignants] c'est beau mais ça sent rien... Les fleurs qui sentent pas... » Thérèse avait poussé un petit cri qui avait coupé la phrase de Pierrette en deux, laissant le premier tronçon, inutile, se perdre dans le soleil du matin. « Maudite marde, j'pense que ma jarretière vient encore de se détacher ! » (p. 197)

La jarretière qui se détache — forme de rupture — fait, à son niveau, événement. Ce petit accident vestimentaire mobilise toute l'attention de Thérèse, introduisant dans la sphère intime de l'habillement un hiatus qu'il faut combler immédiatement. Et il y a, bien sûr, une connotation sexuelle à cet événement, comme le suggère la suite :

> Elle s'assit à côté de Pierrette et toutes deux plongèrent la tête sous ses jupes. « Ben oui, 'gard' donc ça ! Chus pas mal tannée, là ! Chus t'obligée de me rattacher dix fois par jour ! » (*Ibid.*)

La mésaventure répétée de Thérèse, due au fait qu'elle « gigote » trop (*Ibid.*), donc imputable à son exubérance vitale, peut refléter symboliquement en petit, tout en l'annonçant, cette défaillance, cet accroc au code de la décence que représenteront ses rencontres répétées avec Gérard Bleau. Plutôt que de dénoncer son poursuivant, d'alerter sa mère ou sœur Sainte-Catherine, elle préfère rester exposée aux assiduités à la fois délicieuses et inquiétantes du jeune homme. Le désordre vestimentaire (la jarretière qui se détache) peut symboliser à sa façon les chutes et rechutes mineures, partielles, d'une vertu qui ne connaît rien encore au péché et qui n'a même pas les moyens de se sacrifier, de succomber.

Le thème de la coupure acquiert beaucoup plus d'importance quand il concerne la vie de toute une collectivité. Par exemple, chez les religieuses, lorsque les rivalités « scind[ent] la communauté en camps ennemis » (p. 213). Ou quand il concerne la vie personnelle, qu'une « crise » ébranle « les bases mêmes de [la] vie [de quelqu'un] », en l'occurrence sœur Sainte-Catherine (p. 273). Autre exemple d'ébranlement profond du moi : Gérard Bleau, hanté par la pensée de Thérèse, connaît une sorte de chemin de Damas (p. 286-287). Il est frappé par une idée, en plein milieu d'un chemin de terre battue, au parc

Lafontaine, au moment où il se rend à l'école pour espionner la fillette ; cette idée, c'est la suivante : « Dieu le voyait. » Le regard de Dieu intervient dans sa vie et le fige sur place, « ce Dieu vengeur venait le ravager d'un seul coup, l'emplissant de honte et de culpabilité, lui qui n'avait rien fait et qui n'avait surtout rien voulu » (p. 287). Comme l'œil de mère Benoîte des Anges, « tranchant comme un couteau à viande » (p. 203), l'œil de Dieu vient frapper Gérard et faire de lui un coupable. La coupure est liée au surgissement du Mauvais Œil, de la Lune féroce, centre néfaste de l'univers. Ici, en fait, il s'agit du soleil, astre masculin, plutôt que de la lune (on peut tout de même imaginer une continuité entre le soleil accusateur et le gros œil méchant de la lune) :

> […] le soleil le frappait au front comme s'il s'était soudain trouvé dans le champ de vision de Dieu et la gravité de ce qu'il se préparait à faire à cette enfant trop belle qui était venue troubler sa petite vie morne et silencieuse lui apparaissait dans toute son horreur. (*Ibid.*)

Sœur Saint-Georges connaît aussi les coups terribles de la culpabilité puisque cette culpabilité, « qu'elle avait facile, la courbait sous son poids, la pliait, comme pour la casser en deux » (p. 304).

Pris de panique parce qu'il ne peut plus éviter Thérèse, Gérard Bleau est lui aussi cassé en deux : « Soudain, Thérèse le vit se plier en deux et tomber à genoux sans décroiser les bras » (p. 311). Un peu plus tôt, passant à côté de lui avec les élèves de sixième année, Thérèse le laisse en proie à un « vertige qui le tenait encore une fois plié en deux » (p. 290). Au plus fort de la crise qui a ébranlé les bases de sa vie, sœur Sainte-Catherine « avait plié le corps en deux comme quelqu'un qui a mal au ventre et gémissait doucement, désespérée, seule » (p. 269). On pourrait ajouter à ces notations celle concernant Thérèse,

qui cherche la clé de ces mystères du corps qu'elle ignore :
elle « avait alors introduit son index dans son nombril et
agité son doigt plusieurs fois en pesant de plus en plus
fort. Un chatouillement inconnu s'était propagé de son
nombril à son anus et elle s'était pliée en deux » (p. 328).
Mais la peur qu'elle éprouve, alimentée à la fois par les
préjugés de sa mère et par les interdictions religieuses,
interrompt sa recherche.

Le corps cassé, plié en deux, c'est le corps traversé
par l'événement qui vient le mettre à la torture, et peut-
être aussi le libérer, faire émerger une vérité neuve. Le
ventre reçoit le coup fatidique, le coup de vérité. Au cours
de leur dernière rencontre, Gérard a posé sa tête sur le
ventre de Thérèse, et cette « tête d'homme, si belle et si
douce » (*Ibid.*), revient dans ses rêves, détachée du corps
(comme la tête de Jean le Baptiste parlant à Hérodiade !)
— pour lui dire : ce secret que tu cherches, le secret de ton
corps, « moé, j'arais pu te le montrer. Moé, j'arais pu te le
dire. À c't'heure, y' est trop tard. Tu le sauras jamais ! »
(*Ibid.*) Plus tard, Albertine posera aussi sa tête au même
endroit, ce qui bouleversera Thérèse (p. 351) et rétablira
entre sa mère et elle la communication essentielle. Cette
communication passe par le ventre, par le milieu. Et elle
suppose une coupure préalable.

Le meurtre de la duchesse (*Des nouvelles d'Édouard*),
qui refait d'elle « Édouard » de même qu'il dépouille
momentanément Tooth Pick, l'assassin, de son nom de
guerre pour faire apparaître Denis Ouimet, le petit
minable (p. 623), est lui aussi une affaire de communication. Tooth Pick enfonce son couteau en plein ventre ;
Édouard et lui tournent comme un couple enlacé, semblant
se susurrer des mots d'amour :

> Pendant quelques secondes ils eurent l'air de deux amou-
> reux : en sentant la lame lui perforer le ventre, la duchesse
> avait serré les bras autour de Tooth Pick et semblait le

presser sur son cœur. Et Tooth Pick parlait tout bas comme s'il lui avait murmuré des mots doux. (*Ibid.*)

Toute la haine qu'ils se vouent l'un à l'autre devient, d'un point de vue absolu qui est celui de la mort faisant irruption au centre du réel, un langage cérémonieux et suave, une communication plénière. Pas de coupure plus extrême et plus définitive que celle qui plie en deux Édouard et scelle son destin, le mettant en contact avec toute sa vie, avec le cortège familial et social, avec l'immense ratage de son existence transformé, grâce au rire, en fantaisie soutenue et libre.

La coupure, qui introduit à un événement décisif, au passage sans transition de la vie à la mort (Édouard), à la découverte de la sexualité (Thérèse) ou d'un désir criminel (Gérard Bleau), à une transformation radicale de l'apparence (Simone), même si le processus échoue, a un rapport précis avec le schème fondamental de la mise au ciel de la Lune. Il correspond, en effet, à ce moment où les chevaux ont sué sang et eau pour extraire la grosse boule rouge de la montagne, et où les chaînes se rompent soudain, libérant la Chose qui, désormais va prendre d'elle-même sa place dans le ciel. Ce moment de rupture qui transforme la masse infiniment lourde en matière lumineuse et légère, cette césure correspond aussi à ces suspens, ces moments de grâce où l'être d'élite joue son va-tout, risque l'échec et connaît l'apothéose (la Poune, Germaine Giroux).

Mais il n'y aurait pas coupure si, au préalable, le personnage ne connaissait, en relation avec le monde d'en bas, la peur qu'occasionne l'absence d'une lumière rassurante venue d'en haut.

La peur

La lune, qui est la mère, est « la seule chose dans ce monde dont tu peux être sûr », affirmait Josaphat au petit Marcel

(p. 167). Pour le tout jeune enfant, hors de la mère, point de salut. Elle est le centre immobile du monde. Et la mère, chez Tremblay, règne sur ses enfants, même adultes — n'est-ce pas la raison ultime de l'agglutination, en une seule maison, des ménages d'Albertine, de Gabriel et du vieux garçon Édouard ? Cette loi de la domination maternelle régit même l'ordre surnaturel puisque les déesses du destin sont sous la coupe de leur mère, Florence. L'infantilisme est généralisé. Victoire se rend bien compte qu'elle n'a « enfanté que d'une portée de pissous » (p. 105), d'êtres sans autonomie. (*Pissous* conjugue peut-être les deux étymologies de *pea soup*, appellation que les anglophones donnaient aux francophones, mangeurs de soupe aux pois, et de *pisseux* : les peureux mouillent leur culotte.) On constate une dépendance de tous à l'égard d'une maman-lune qu'il faut respecter toute sa vie (voir p. 167). S'éloigner de la lune, faire un pas en dehors de cette sphère d'influence maternelle, c'est aussitôt rencontrer le danger. Un des mots les plus fréquents de *La Grosse Femme* est le mot *peur* — ou ses deux synonymes superlatifs, la *terreur* et la *panique*.

Marcel, l'enfant du rêve, est particulièrement vulnérable. Il a peur de tout. Il a peur de sa grand-mère, à cause de ses impatiences, de ses allures de sorcière (surtout la nuit, quand elle revient des toilettes où elle a fait entendre « des sons qui auraient fait rire Richard ou Philippe [...] mais qui terrorisaient littéralement le petit garçon » (p. 23). Impressionnable, Marcel croit tout ce que son cousin Philippe, enfant farceur et sadique, lui dit pour l'effrayer. Par exemple, que sa grand-mère va « le battre, le tuer, le manger » (*Ibid.*). Mais Thérèse se joint aussi à son cousin, à l'occasion, pour effrayer son petit frère afin d'obtenir de lui l'obéissance. Par exemple, elle brandit la menace des « bilous », c'est-à-dire des flocons de poussière qui mangent les petits enfants qui sortent de leurs lits (p. 72). Les bilous ont d'ailleurs terrorisé aussi bien Thérèse, Richard et Philippe (*Ibid.*).

Dans le même ordre d'idées, on peut signaler «les yeux dans le rideau», c'est-à-dire ce regard autonome et terrifiant qu'évoque Richard pour obtenir calme et obéissance de Marcel : «Quand Marcel achalait trop Richard en jouant sur le trottoir, ce dernier disait : "Les yeux dans le rideau vont te pogner pis y vont te manger!"» (p. 133). Il s'agit, en fait, de Marie-Louise Brassard postée à sa fenêtre et qui s'adonne à la contemplation névrotique de la rue.

Au chapitre des peurs enfantines, on peut signaler celle de Richard qui, «malgré ses onze ans, avait encore peur des étincelles de tramway et il figea sur place sous le regard amusé de son frère qui en profita pour le traiter de pissous» (p. 39). *Pissous*, voilà l'une des plus grandes injures qu'on puisse adresser à un mâle québécois, même en culottes courtes, et le tourment de Richard ressemble beaucoup à celui de son père, Gabriel, qui se verra indirectement accusé par Willy Ouellette d'être en quelque sorte un pissous, c'est-à-dire d'avoir fait un enfant à sa femme uniquement pour ne pas aller à la guerre (voir p. 102).

Les maris des sept femmes enceintes risquent tous de passer, à bon droit ou non, pour des «pissous». L'épithète est méritée, peut-être bien dans le cas de Gabriel et à coup sûr dans celui de la grosse baleine blanche qu'est le mari de Claire Lemieux, Hector «Lemieux-le-sans-cœur» (p. 55).

Mais la peur, elle est partout. Elle existe aussi bien dans la relation entre des femmes «fortes», avides de confort et de puissance ou de réussite matérielle. Par exemple, Mercedes, de plusieurs années plus âgée que Béatrice, lui confie (dans la baignoire!) : «J'pense à comment c'que j'avais peur de toé, au commencement. De ta façon d'être défaitiste.» «À c't'heure, t'as pus peur?»

« Des fois. Des fois non » (p. 22). Les relations les plus cordiales, les plus ouvertes, ne sont pas exemptes de crainte : l'*autre* échappe toujours, en partie, au contrôle qu'on peut avoir sur lui. Et cela est plus vrai encore d'êtres comme Albertine et Thérèse, sa fille, que la colère peut transformer en véritables furies :

> Les crises de Thérèse étaient presque aussi célèbres que celles de sa mère : elles avaient quelque chose de terrifiant, de définitif, de complet qui laissait les témoins abasourdis et horrifiés. […] Thérèse était minuscule à côté d'Albertine, mais on sentait que cette dernière avait quand même peur de sa fille. (p. 54)

La crainte qu'inspire une fillette à sa mère qui est pourtant redoutée des enfants du quartier en dit long sur le climat d'insécurité affective qui règne chez les personnages, même adultes.

La peur peut aussi se glisser dans la relation client-marchand, quand le client est une cliente et a mérité le sobriquet de Tit-Moteur : « A' nous faisait tellement peur [dit un brave marchand au sujet de Victoire] que des fois on appelait les autres magasins pour leur dire de faire semblant d'être farmés ! » (p. 102). On peut s'étonner d'une si charitable attention à l'égard de concurrents… À travers l'exagération, on devine que ce qui effraie chez Tit-Moteur, c'est une disposition métaphysique : elle met en danger le Commerce en général !

La peur peut encore exister dans la relation de soi à soi — de soi à un corps qu'on ne connaît pas, qu'on ne comprend pas. Ainsi en va-t-il pour Marie-Louise Brassard, « terrée derrière le rideau de dentelle de son salon, folle de peur et qui s'imaginait que son premier enfant lui viendrait par le nombril » (p. 120). Marie-Louise ne quittera son balcon, pour la première fois, que pour aller rejoindre la Grosse Femme qui est, pour elle comme pour les autres femmes enceintes de la rue Fabre, l'équivalent symbolique de la Mère (p. 186).

La peur est aussi ce qui accompagne et multiplie la jouissance, dans cette trouble passion qui s'empare de Gérard Bleau et qui fera de lui l'amoureux maniaque de Thérèse : « Ce mélange de peur et de jouissance lui avait fait découvrir un plaisir nouveau dont il n'avait même jamais soupçonné l'existence : le danger » (p. 142). Nous savons aussi à quel point l'angoisse colore et intensifie le trouble sentiment que porte au jeune homme une Thérèse à la fois avide de pénétrer les mystères de son propre corps et inquiète devant l'inconnu qu'ils représentent.

Mais l'expression la plus saisissante de la peur est sans doute celle de l'épouvante qui s'empare de Josaphat, dans le très beau conte qu'il fait à Marcel et qui peut apparaître comme la cellule narrative majeure de toutes les Chroniques, sur le plan symbolique. Josaphat n'est pas, comme il dit, « peureux de nature » (p. 162) mais, obligé de parcourir trois milles pour rentrer chez lui dans le noir absolu, il est envahi par la terreur, et c'est le prélude au surgissement du fantastique : d'abord la procession des mouches à feu « qui s'en vont chercher l'âme damnée d'un pécheur pour l'emmener dans son darnier voyage » (p. 163), puis huit chevaux blancs qui s'avancent dans une lumière blanche (p. 164) et qui vont hisser la lune dans le ciel, après l'avoir extraite des flancs de la montagne (p. 165). Cette lune, c'est « la pleine lune du mois d'aoûtte qui est tellement épeurante » et qui a l'air, plus que jamais, « d'un gros œil méchant » (*Ibid.*). La lune, c'est la mère (la mère archaïque toute-puissante) et elle effraie. Mais aussi, elle rassure, car elle éclaire, et finalement elle manifeste sa bonté, elle apparaît comme « la seule chose dans le monde dont tu peux être sûr » (p. 167), la seule qui permet de vaincre la peur. En vertu de l'ambivalence de tous les grands symboles, qui synthétisent les aspects contradictoires de l'existence, la lune comporte la terreur et son antidote.

Son équivalent sur le plan humain se révèle dans l'image qui termine presque le premier roman des Chroniques, celle de la Grosse Femme qui parle à Gabriel « presque comme à un enfant, [...] chassant tous les doutes avec ses mains autant qu'avec sa voix, réconfortant lentement cette âme qu'elle savait faible mais qu'elle aimait tant, dissimulant ses propres problèmes, ses propres peurs pour guérir ceux de Gabriel » (p. 180). Peur surmontée et surmontante, restauration des certitudes. Et une fois Gabriel endormi, la tête sur les genoux de la Grosse Femme, celle-ci tourne le visage « vers la lune qui passait maintenant dans son coin de ciel » (*Ibid.*). Une relation métonymique vient redoubler la relation métaphorique. La peur est matée — grâce à la Lune mère —, mais un psychanalyste trouverait sans doute cette solution du conflit passablement régressive.

La régression est sans doute la seule solution possible dans un monde sans père, et donc sans dépassement œdipien possible.

■ ■ ■

La peur généralisée, qui oblige à se réfugier constamment dans le giron d'une présence rassurante — par exemple, « notre mère la sainte Église » —, est sans doute un trait fondamental du Québec d'avant la Révolution tranquille, celui de la « grande Noirceur ». Le Frère Untel (pseudonyme de Jean-Paul Desbiens) a dénoncé l'omniprésence de la peur dans ses *Insolences*, au début des années 1960. Il écrivait :

> La peur diffuse dans laquelle nous vivons stérilise toutes nos démarches. Si nous écrivons, il faut que toutes nos propositions soient justifiables devant de potentiels inquisiteurs ; si nous agissons, il faut que tous nos actes soient mesurés à l'étalon traditionnel, i.e. qu'ils soient des

répétitions. Nous choisissons le plus sûr : ne rien dire, ne rien penser, maintenir. (*Insolences du Frère Untel*, Montréal, Éditions de l'Homme, 1960, p. 67.)

Michel Tremblay, qui situe l'action de son roman en 1942, accorde une importance tout à fait justifiée, sur le plan socio-historique, à la peur, tout en lui donnant des motivations imaginaires personnelles. La peur dont parle le Frère Untel est inspirée par l'autorité, et connote donc une référence au père — un père à la fois puissant et dérisoire, où l'on reconnaît facilement la figure ubuesque de Maurice Duplessis. L'univers de Tremblay est axé sur la mère, et correspond au Québec urbain, non au Québec rural. La peur est alors déterminée par l'image de la mère archaïque, à la fois bonne et mauvaise — totalement bonne (c'est alors qu'elle protège de la peur) et totalement mauvaise (c'est cet œil méchant qui surveille tout et fait peser sur chacun une menace de mort).

■ ■ ■

La peur est sans doute un sentiment prédominant dans le Québec de la « Grande Noirceur » ; mais il faut voir que, si *La Grosse Femme* reflète cette réalité, en même temps le roman montre des exemples de courage et de santé morale et affective, notamment chez les femmes qui sont loin de vivre toutes dans la culpabilité. Victoire, par exemple, n'est pas si prévenue que cela contre les prostituées ; elle les invite chez elle, même si c'est en partie pour faire enrager sa fille. Quant à la Grosse Femme, elle ne se cache pas d'aimer l'amour, et elle fait, à quarante ans passés, un enfant par amour, au risque de passer pour une « cochonne » (p. 113). Gabrielle Jodoin aime son Mastaï et goûte avec lui des joies qui ne sont pas seulement celles de la reproduction… Rita Guérin, qui faisait le ménage chez Ti-Lou, est beaucoup moins bégueule que sa fille, Rose

Ouimet (laquelle est imprégnée de la mentalité jansé-
niste, malgré un certain côté déluré qui s'affirme lors
des shows du National — voir p. 433). Quant à Ti-Lou,
Mercedes et Béatrice, elles sont des exemples de vie
affranchie, quelles que soient les servitudes du métier. Au
moins, elles ne sont pas les otages de la morale et de la
culpabilité, ni les victimes de la frustration.

La peur est donc parfois surmontée, surtout chez
celles qui peuvent assumer le plus directement la position
de mère, comme Victoire ou la Grosse Femme. La meilleure façon d'échapper à la peur est de participer à la
fonction et à la dignité de Mère, puisque celle-ci est le
principe de toutes les certitudes (mais certaines mères,
comme Albertine, arrivent mal à assumer leur position,
peut-être faute de savoir rêver).

Et attenter à la Mère, comme le montre la fin d'*Un
objet de beauté*, mettre le feu à ses cheveux (ne serait-ce
que pour la transformer en Lune), est le plus sûr moyen
d'être damné. Il y a de l'épouvante dans le hurlement
extraordinaire, le cri de bête que pousse Marcel devenu
fou — dans «ce qui sort de ce masque de douleur» et
qui «vous arrache l'âme» (p. 1170). La peur est l'un des
fondements de la radicale détresse.

Détresse qui est, ici comme ailleurs, la punition pour
avoir offensé la déesse-Mère — la Lune —, et la conséquence de l'avoir perdue à tout jamais.

La propreté / l'excrément

On rencontre, dans les Chroniques et notamment dans le
premier tome, un thème un peu inquiétant. Il est à peu
près aussi fréquent que la peur et aussi caractéristique du
Québec traditionnel. Vers la fin des années 1950, un
sondage dont j'ai souvenir révélait que la première qualité
que la femme « canadienne-française » souhaitait trouver
chez son conjoint était la propreté. Le bon mari était le

mari aseptique, sans microbe — monsieur Net ! La même valeur apparaît en filigrane dans le roman, d'ailleurs en contrepoint avec une thématique, tout aussi exubérante, de l'excrément.

Manifestation typique du thème : Ti-Lou, à Ottawa, préfère les politiciens de Toronto aux « p'tits ministres » québécois, qui sont plus généreux mais « tellement moins raffinés que les grands Anglais propres pis polis qui descendaient du train de Toronto » (p. 48).

On peut penser que l'obsession de la propreté, dans le Québec de l'époque, vient pour une part d'une vaste tendance nord-américaine qui va dans le même sens ; mais qu'elle est aussi le réflexe de gens qui sont arrivés depuis peu en ville et qui se débarbouillent, en quelque sorte, de leur passé rural, le travail de la ferme étant forcément salissant.

Dès le début, la propreté apparaît comme une valeur fondamentale à travers le comportement des tricoteuses qui, tous les matins, de mai à septembre, lavent leur balcon : « Un siau d'eau, beaucoup d'eau de javel, trois brosses » (p. 13). Désinfecter le balcon, c'est garder à l'extérieur les microbes, les germes, toute la saleté, visible et invisible, de la ville — la ville, on le sait depuis les poètes du terroir, est sale, impure ! Quant au chat Duplessis, qui couche volontiers sous ce balcon, il s'insurge contre « cette odeur de propreté maniaque ». Duplessis, pourtant propre comme tous les chats, ne déteste pas l'ordure ; au contraire, il raffole des odeurs de son ami Marcel, « fleurant fort et bien le pipi séché » (p. 65) ; odeurs qui contrastent vigoureusement avec l'« écœurante senteur de propreté » (*Ibid.*) que dégage la maison du docteur Laporte, aussi aseptisée que celle des tricoteuses. Ou que la vitrine de Marie-Sylvia, « toujours propre » (p. 16) — propre comme ses toilettes, où elle prend sa collation de cinq heures ! (p. 131-132).

Duplessis et Marcel sont les seuls personnages du roman qui se montrent affranchis du souci maniaque de

la propreté. Marcel, qui a quatre ans et qui en paraît deux
et demi, éprouve une jouissance bien de son âge à pro-
noncer le mot « crotte » (p. 38-39), quand il passe à l'angle
des rues Fabre et Rachel où se trouve une écurie. Il
n'éprouve d'ailleurs aucun scrupule à salir sa culotte, et se
barbouille (se crotte!) des pieds à la tête (voir p. 52-53).
À l'autre bout des Chroniques, âgé de vingt-trois ans, il
lui arrive encore de s'oublier dans ses vêtements (p. 1000).

Une des grandes joies éprouvées par la Grosse
Femme, malgré la mauvaise humeur d'Albertine qui la lui
procure, est son lavage de tête. « J'ai jamais eu les cheveux
sales de ma vie, chus pas pour commencer à quarante-
deux ans! » (p. 43) plaide la Grosse Femme. Voilà qui est
bien normal. Mais la mère de Mercedes, au segment
précédent, pousse le souci de propreté jusque dans ses
pensées de félicité céleste : « [...] Chus sûre que mon
Ange Gardien époussette ma place au ciel tous les
matins! » (*Ibid.*) Et elle meurt en disant : « J'vois le bon
Dieu! J'vois la sainte Vierge! Pis j'vois mon Ange Gardien
avec son plumeau! » (*Ibid.*) Mercedes, qui a le sens des
réalités sociales, commente ces *ultima verba* en ces
termes : « C'est elle qui doit épousseter, à c't'heure. »

Épousseter, faire le ménage, chez soi et chez les
autres, est l'activité principale de beaucoup de femmes de
la rue Fabre. Mise au rancart, Victoire rêve de « descendre
les vidanges, [...] laver la Grosse Femme, faire tremper
tous les rideaux de la maison dans la baignoire » (p. 25).
Quant à Albertine, on la voit surtout la bassine à la main,
pour les besoins de la Grosse Femme, puis un baquet
d'eau savonneuse pour lui laver les cheveux, puis un linge
à épousseter sur les genoux et c'est alors qu'elle reproche
durement à la Grosse Femme d'être un objet de blâme
pour tous, d'être une cochonne qui fait des enfants passé
quarante ans, âge où « y'est trop tard pour commencer à
laver des couches pis à élever des enfants! » (p. 113). Laver,
élever, ces deux activités sont mises sur le même pied.

Albertine entrevoit que, si la Grosse Femme reste malade après son accouchement, c'est elle qui sera « pognée » avec l'enfant et qui devra « le torcher » (*Ibid.*). Torcher, voilà sa préoccupation de tous les instants : « En plus de torcher toute la maisonnée, chus-t'obligée de vous torcher, vous, comme un bebé ! », reproche-t-elle à sa belle-sœur.

Rose Ouimet, l'une des filles de Rita Guérin, marine dans la même problématique. On la voit refuser les confidences de la nostalgique Ti-Lou et se rabattre sur son occupation : « [...] moé chus-t'icitte pour torcher, pis je torche ! » (p. 68). Nouvelle variante du cogito cartésien : je pense, donc j'essuie. De même qu'Albertine met sur un même plan laver les enfants et les élever, Rose Ouimet confond les ordres matériel et humain : « Par quoi que je commence, là ? Par la maison ou ben donc par vous ? » (*Ibid.*)

La nature elle-même, telle qu'elle est perçue par les personnages, a des élans de propreté. Quand Béatrice sort de son immeuble et respire les odeurs du printemps, elle découvre une odeur de frais-lavé : « La pluie de la nuit précédente avait lavé les rues et ça sentait l'eau » (p. 40). Et ce moment, qui est un moment de coupure puisqu'il inaugure un temps nouveau, est associé à une symbolique de la lustration (purification rituelle par l'eau), exactement comme le crépuscule le sera pour la même Béatrice : pour elle, comme pour sa mère, le coucher de soleil « ça console, ça lave, ça purifie » (p. 124). Cette même purification, on la retrouve sur le plan moral, dans la confession que Mercedes obtient de Richard, « encourageant les confidences, les provoquant quand elles tardaient à venir et lavant d'un sourire toute l'horreur de l'aveu » (p. 99). Une telle confession est une libération, une stimulante initiation à la connaissance du bien et du mal pour le jeune garçon désormais instruit des mystères de la vie.

Parmi tant d'autres passages, on peut citer Victoire jeune fille prenant soin de son petit frère Josaphat,

« l'entourant d'attentions et d'amour, changeant ses couches en chantant et le lavant trois fois par jour dans des bassines d'eau tiède qui étaient vite devenues la grande joie du petit Josaphat » (p. 155). Il n'y a pas seulement ici l'idée de laver, de purifier, mais aussi celle de (se) replonger dans le milieu originel, réconfortant, dans ce qu'on pourrait appeler une douce chaleur lunaire, la lune gardant alors quelque chose de la calorique lune rouge d'août. Dans l'obsession de la propreté, il y a la nostalgie d'un temps antérieur à la saleté, à l'impureté, un temps immaculé comme cette « vierge intacte et pure » dont la religion catholique, par mépris et par peur des femmes, dit l'auteur, a fait malencontreusement « l'image de la Mère » (p. 148). Mais le temps originel où Victoire replonge son frère, qui est aussi en quelque sorte son enfant, est plus ouvert sur le rêve et sur la vie que ce temps d'avant la faute dont parle la religion. Un regard sur *Thérèse et Pierrette à l'école des Saints-Anges* permettra de le constater.

Aussi obsédante que dans *La Grosse Femme*, la propreté y prend encore plus souvent un sens moral explicite, ou presque. Le sexe, par exemple, est dénoncé comme sale : « Quand tu te laves par là, dit Albertine à sa fille, fais ça vite, c'est pas propre ! » (p. 328). La formulation est délicieusement paradoxale : il faut laver soigneusement ce qui est propre, et négliger ce qui est sale !

La propreté qui règne dans la maison des religieuses (p. 237) ne fait qu'un avec l'harmonie apparente qui y règne et qui dissimule des rivalités et des intrigues. L'image évangélique du sépulcre blanchi se dessine en filigrane.

Et quand sœur Saint-Georges se sent trop tracassée par l'idée d'avoir menti à sa directrice, elle décide significativement « de laver tous les planchers de la maison qui n'en avaient absolument pas besoin » (p. 345), comme si elle pouvait ainsi se purger de sa faute.

Victoire, aussi, veut mourir avec son « âme propre »
(p. 383), dit-elle à Josaphat qui désire l'initier au secret de
Florence et de ses filles, qui est aussi celui de l'âme profonde du pays (p. 382). Et Josaphat exprime en même
temps son « immense amour » pour sa sœur en lui baisant
les mains. Or, elle les retire « comme si elle les avait trem-
pées par mégarde dans une eau sale » (p. 383). L'amour,
c'est la saleté parce que c'est la vie ; une saleté qui fait bon
ménage avec le rêve, comme chez le petit Marcel, que le
premier roman présentait comme repoussant et adorable.

Il convient toutefois d'inscrire un bémol à cette analyse. Dans *La Grosse Femme d'à côté est enceinte* et dans
Thérèse et Pierrette à l'école des Saints-Anges, les Tricoteuses
se montrent aussi maniaques du lavage et de l'époussetage qu'Albertine, et elles inculqueront la propreté et les
bonnes manières à Marcel. C'est dire que la propreté n'est
pas toujours synonyme de stérilité morbide.

Manger

Au nombre des thèmes de *La Grosse Femme* qui se retrouvent dans les romans subséquents des Chroniques, on
remarque celui de la nourriture ou de l'empiffrement,
ainsi que celui de l'obésité que je traiterai séparément,
mais qui présente d'évidents rapports avec l'autre.

Manger. C'est, dans la sphère de la quotidienneté,
une activité primordiale. *La Grosse Femme*, dès les premières pages, décrit avec tout un luxe de détails le repas
du chat Duplessis. Puis on qualifie de mémorable le petit
déjeuner préparé par Édouard, simplement parce qu'il est
réussi alors qu'on s'attendait à une catastrophe ; et on
qualifie de mémorable aussi, à l'autre bout du roman, le
repas du soir, avec ses invités inattendus et Victoire qui
fait le service. Manger, plus que refaire ses forces, c'est
participer à un événement. Il y a sans doute une raison
d'ordre symbolique à cela. Pour l'enfant qui vient de

naître, manger est un fait marquant, l'une des rares choses qui lui *arrivent;* et les personnages de Tremblay sont restés près de ces vérités premières. J'ai parlé, plus haut, de leur infantilisme, de leur dépendance à l'égard d'une instance maternelle omniprésente. Manger, c'est justement renouer de façon privilégiée avec la bonne Destinatrice qu'est la mère.

Il arrive, toutefois, que le plaisir de se nourrir se transforme en calvaire. Tel est le cas pour Laura Cadieux, qui se plaint à la Grosse Femme, sa « tante »[2], d'avoir épousé un cuisinier maniaque, aux réalisations culinaires irrésistibles, lui-même obèse dès le début de la vingtaine (p. 168-170). Chez Laura comme chez la Grosse Femme, grosseur et grossesse cumulent leurs effets, et elles participent allègrement toutes deux de l'archétype maternel.

Dans *Thérèse et Pierrette*, la bonne Destinatrice est beaucoup moins présente. La mauvaise Destinatrice, qu'est mère Benoîte des Anges, n'est pas celle qui nourrit mais, au contraire, elle est l'Ogresse qui dévore, qui se nourrit de ses sujets. Les enfants la surnomment « Dragon du Yable », et quand Thérèse et Pierrette commentent le fait qu'on n'a pas revu Simone après sa visite chez la directrice, l'une d'elles dit : « Pour moé, a' l'a mangée ! » (p. 211). Plus loin, Thérèse dit à Pierrette : « Sœur Sainte-Catherine est pas encore revenue, elle non plus… » et Pierrette répond : « J'te dis que mère Dragon du Yable va avoir faite un gros repas à matin ! » (p. 212). Ces blagues d'enfants, qui appliquent aux circonstances de la réalité les schèmes symboliques des contes qui ont nourri leur imaginaire, sont tout à fait en consonance avec l'infantilisme collectif que dépeint le roman.

Cet infantilisme se réalise notamment dans la communauté religieuse, telle que la dépeint le passage suivant :

Ses camarades et elle [sœur Sainte-Catherine] avaient été couvées, aimées, nourries physiquement et intellectuellement comme elles ne l'avaient probablement jamais été dans leurs familles et la vie en commun leur avait semblé le refuge idéal pour les cœurs blessés, les natures fragiles et inquiètes ou les écorchées vives que formait la majorité d'entre elles. (p. 214)

Aimées, nourries: ces deux termes voisinent, et sont précédés de *couvées* qui suggère la présence maternelle prolongée, et l'absence de contact avec l'extérieur, avec le monde, le réel. La communauté, c'est donc la mère nourrissante, le sein maternel enveloppant; mais, après les années de formation, il faut subir le dur contact avec la réalité. La carrière d'enseignante n'est rien moins qu'une sinécure, la vie y est « beaucoup plus dure en tout cas que dans l'espèce de cocon confortable et chaud que représentait la maison mère » (p. 215) — entendons le dernier mot dans son sens le plus fort. Mère Benoîte des Anges va représenter, pour la jeune religieuse, le contraire de la mère nourrissante qu'elle a connue jusque-là : vraiment l'ogresse, dont l'œil est « tranchant comme un couteau à viande » (p. 203). Et c'est elle, mère Benoîte, qui règne sur le réfectoire et qui est responsable (à la façon d'une destinatrice) de la nourriture chiche, déprimante qu'on y mange (p. 231) ; elle est responsable aussi de l'atmosphère très lourde que créent ses réprimandes (voir p. 346-347), et l'humiliation qu'elle déverse à plaisir sur certaines têtes est une autre nourriture amère donnée à manger : « sa paranoïa éclata comme un fruit pourri » (p. 347), est-il écrit quand elle s'en prend à sœur Saint-Georges.

Même si la nourriture des religieuses est exécrable, il y a une religieuse qui ne semble pas s'en rendre compte et dont l'estomac est parfaitement accueillant. Sœur Sainte-Philomène, personnage truculent, rabelaisien, incarne le thème de la goinfrerie. Manger est une opération aussi importante pour elle que pour Duplessis, avec cette nuance aggravante que c'est elle qui crée la relation exclusive, sacrée à la pitance, et non une pourvoyeuse attentive comme Marie-Sylvia (p. 18). Sœur Sainte-Philomène est un organisme insatiable et bruyant, que sœur Saint-Georges, son ancienne amie, ne se gêne pas pour traiter de « grosse truie » (p. 234), et qui n'a guère de contrôle sur ses flatulences (on se rappellera le « long pet pitoyable » de sœur Sainte-Philomène quand elle dirige l'examen de conscience des fillettes à l'église [p. 279]). Sœur Sainte-Jeanne au Bûcher, la cuisinière, à qui on voulait donner sœur Sainte-Philomène comme assistante, s'est récriée vivement : « Qu'a' pète pis qu'a' rote [la sonorité de *carote*, dans la bouche d'une cuisinière, produit un effet comique] en dehors de ma cuisine ! Ici, c'est propre pis ça va le rester ! Gardez-la dans le réfectoire pis les mouches viendront jamais dans ma cuisine ! » (p. 232-233). On voit que le thème de la nourriture peut avoir des liens immédiats avec celui de l'excrément… La grosse mangeuse est immonde[3].

Sœur Sainte-Philomène n'est pas la seule personne en religion qui se signale par son amour immodéré de la nourriture. Le confesseur de sœur Sainte-Catherine, l'abbé Langevin, est un « prêtre bonasse et bon vivant pour qui un gros plat de pâtes était une récompense directe de Dieu et un repas manqué une punition » (p. 274). L'infantilisme apparaît nettement dans cette notation du plat reçu comme une récompense, et un don direct de Dieu qui est ici le dispensateur des grâces les plus matérielles, l'équivalent de la mère pour le nourrisson.

Sœur Sainte-Philomène, qui ne fait pas de distinction entre la bonne nourriture et la mauvaise et s'empiffre de tout avec bonheur, peut faire penser à la population catholique qui se repaît, sans esprit critique, des spectacles de mauvais goût que la religion lui donne à consommer, tel le reposoir. Mais sœur Sainte-Philomène ne supportera pas jusqu'au bout les nourritures morales indigestes que mère Benoîte destine aux religieuses, et elle interviendra en faveur de son ancienne amie, sœur Saint-Georges, que mère Benoîte accable injustement. Elle le fera, significativement, en frappant « dans son bol à soupe vide avec sa cuiller » et en criant : « Ça va faire ! Ça va faire, là, c'est assez ! » (p. 347). Frapper dans le bol à soupe, c'est comme réclamer une nourriture saine, plutôt que ce déferlement de colère à la saveur de « fruit pourri » (*Ibid.*).

Ce qui m'amène à signaler, pour terminer sur une note plus positive, ces merveilleux fruits, couleur de lune rousse, dont Josaphat fait cadeau à la famille de Victoire quand il vient en visite : les oranges. Fruits rares, convoités, que l'on consomme de façon cérémonieuse — Simone, qui en mange pour la première fois le jour de la Fête-Dieu, permet à Lucienne Boileau (la « fatigante ») de la regarder faire (p. 371). Ces fruits procurent d'une part l'extase (p. 372) et d'autre part le mal de cœur (p. 373). Cette ambivalence montre bien la densité symbolique de l'orange, dont la valence positive l'emporte, bien sûr, sur la valence négative (c'est aussi le cas pour la lune, dans le conte de Josaphat).

L'obésité

Rapidement, je signale la grande fréquence des indications relatives à l'obésité ou à l'embonpoint. Je me limiterai à *Thérèse et Pierrette à l'école des Saints-Anges*.

Mère Benoîte des Anges est une femme « opulente » au « corps rondelet » (p. 203), et dans le rêve sadique qu'elle inspire à Simone, sa petite victime, elle est une « grosse religieuse » dont l'enfant arrache des morceaux sanglants (*Ibid.*). Il est question, plus loin, de ses « faux airs de grosse femme généreuse » (p. 249) ; l'obésité est spontanément perçue comme un synonyme de bonté, mais peut cacher la méchanceté.

Sœur Sainte-Philomène est une « femme énorme et rougeaude » qui a « beaucoup de difficulté à dissimuler ses énormes seins sous son uniforme» (p. 212-213). On connaît son prodigieux appétit.

Lucienne Boileau, la compagne de classe de Thérèse et Pierrette, l'«insisteuse» (p. 202), est décrite d'abord comme «un peu grasse et très gaie» (*Ibid.*), puis comme «la grosse Lucienne» (p. 211).

Marie-Sylvia au «vaste corps» (p. 356), Germaine Lauzon (p. 349) et, bien entendu, la Grosse Femme elle-même, plus débordante que jamais dans sa chambre d'hôpital (voir p. 362-363), ajoutent des figures connues à ce début d'inventaire. Mais le motif de l'obèse acquiert une dimension beaucoup plus significative quand il est associé à la figure de la vierge. C'est le cas, d'une certaine façon, à propos de mère Benoîte des Anges, dont j'ai commenté déjà la maternité paradoxale, la stérilité. On pourrait le dire de toutes les religieuses, mais la connotation maternelle est plus évidente quand une certaine obésité est présente. Grossesse et grosseur, pour l'inconscient, sont synonymes. C'est pourquoi la grosseur fait un tel contraste avec la virginité.

Le paradoxe de la vierge grosse s'incarne surtout dans ces pauvres élèves, premières en catéchisme, qui doivent incarner la Vierge du reposoir et qui, d'ailleurs, ne se font pas prier pour le faire. Charlotte Côté pense à «la vierge qui changeait de visage chaque année, tantôt boutonneuse et obèse, tantôt nerveuse et sèche» (p. 249-250). Plus loin, le narrateur fait cette parenthèse : «On avait eu des Sainte Vierge obèses, rachitiques, aux yeux croches, aux dents gâtées, au nez trop long ou trop épaté» (p. 321-322). Quand Rita Guérin dit à Pierrette que Germaine (la Germaine Lauzon des *Belles-Sœurs*) rêvait, dans son enfance, d'être la Sainte Vierge du reposoir, Pierrette s'exclame : «Ça arait faite une maudite grosse Sainte Vierge!» (p. 348-349).

On peut voir l'obésité comme une sorte de prédisposition physique à assumer le rôle de mère ou de destinatrice, même si cette prédisposition est factice et tourne à la parodie ou à l'imposture (comme c'est le cas pour mère Benoîte).

Au fait, il y a peu de mères dans *Thérèse et Pierrette*, alors que le premier roman en regorgeait. En revanche, les fausses mères sont nombreuses, si l'on entend par là les femmes grosses, mais vouées au célibat. De même, les mauvaises Destinatrices, qui corrigent les élans de la vie au nom d'un devoir morbide et destinent les élèves à une existence sans joie, prennent le pas sur les bonnes.

Par ailleurs, *Thérèse et Pierrette* ne contient guère d'indications concernant l'obésité masculine, mais c'est en bonne partie à cause de l'absence d'hommes, en particulier d'Édouard. Dans les deux tomes suivants des Chroniques, l'obésité lui sera associée plus qu'à aucun autre personnage. On peut même se demander si son travestissement n'est pas motivé en partie par son obésité puisque, selon Victoire dont le « dit » est cité (*La Duchesse et le roturier*, p. 465) : « Un gros homme c'est ridicule ; une grosse femme c'est ragoûtant.» (*Ragoûtant* connote *maternel* : cela donne, ou se donne, à manger...) Édouard, en travesti, deviendrait-il ragoûtant ?

Le dernier tome des Chroniques a pour personnage principal Marcel, âgé de vingt-trois ans et resté un enfant dans un corps gonflé aux dimensions d'un gros homme. On pense à Richard et à ses tortues du lac Lafontaine : un mince rêveur dans une lourde carapace de détresse. L'obésité n'est pas que la plénitude lunaire, elle peut être la cage qui retient captif de la matière. Notons toutefois que, même si elle existe de façon obsédante dans l'œuvre de Tremblay, l'obésité ne semble pas être en elle-même un malheur, bonifiée qu'elle est sans doute par la figure biographique dont elle dérive, celle de Rhéauna (Nana) Tremblay, mère aimante et douée pour le bonheur.

L'obésité est-elle une réalité essentiellement féminine ?

Le gros homme, en tout cas, qu'est Édouard, ne devient la figure centrale des troisième et quatrième tomes qu'en se faisant grosse femme et en participant, dès lors, de l'archétype maternel.

En réalité, tous les obèses, qu'ils soient hommes ou femmes, dérivent plus ou moins directement de cet archétype qu'incarne, mieux que tout autre et jusque dans sa dénomination même, la Grosse Femme. Et il n'est nullement surprenant que cet homme, dont le prénom (Édouard) est raturé au profit de « la duchesse de Langeais », soit le complice de la Grosse Femme et son confident privilégié. Certes, la Grosse Femme va finir par se particulariser en « Nana » (dans *Un objet de beauté*), et perdre sans doute un peu de son charisme lunaire, sous l'effet d'une terrible maladie qui la dévore de l'intérieur. Cette trajectoire est l'inverse de celle qui transforme Édouard (individualité bien installée dans le quotidien) en duchesse — *la* Duchesse, comme on l'appelle communément. La *Duchesse*, comme la *Grosse Femme*, est un type, une essence, une déité sociale qui communique directement avec l'archétype lunaire, avec le Rêve, et l'obésité est un caractère physique tout à fait approprié pour incarner la *pleine lune*.

Pour sa part, Marcel, « un énorme petit enfant de deux cents livres, un minuscule cerveau prisonnier d'un gros corps » (p. 981), cherche, dans *Un objet de beauté*, à devenir un héros et un génie, tout en s'appropriant la place et le pouvoir improbables du père. Ses échecs répétés le remettent constamment sous l'influence de la mère, cette sèche Albertine qui joue si mal son rôle. En la transformant en torche vivante, en lune d'un instant, Marcel met fin à la série des compromis entre raison et folie. Il n'allume la lune — comme le faisait Josaphat — que pour mieux plonger dans la nuit du délire. Le corps obèse, triste carapace, n'enferme plus que le rêve brisé.

La Grosse Femme effondrée sur le mal qui la dévore, cette « maladie de femme » qui a trop aimé l'amour et la maternité et qui est atteinte dans ce qui a été le siège des puissances de reproduction ; Édouard-la-duchesse, éventré, coupé en deux par le couteau de l'assassin ; Marcel transformé en masque tragique dont les ronds orifices laissent s'exhaler toute l'horreur qui s'est accumulée en lui depuis la naissance, toutes ces Lunes, ces rondeurs, masculines ou féminines, finalement se dégonflent, il n'est plus de ciel, il n'y a plus rien que la terre et la nuit.

Le roman, dès lors, a rempli son office, qui est de préparer l'entrée en scène des grandes destinées théâtrales — les mêmes, vues du côté de la mort.

▶ **NOTES**

1 Dans la pièce intitulée *Sainte Carmen de la Main*, Bec-de-Lièvre joue un rôle important et fait figure de pauvre fille, lesbienne et intellectuellement très démunie. Son destin peut rappeler, en moins grave toutefois, celui de Marcel. Dans *Des nouvelles d'Édouard* (p. 615), il est fait brièvement mention de « Bec-de-Lièvre » qui, au cours des années 1950, est devenue « de plus en plus servile ». *Un objet de beauté* la montrera, beaucoup plus longuement, amoureuse de Thérèse qui, sans passion véritable, se laisse circonvenir par elle.

2 Laura est la fille de Josaphat, et ce dernier est l'oncle de Gabriel, mari de la Grosse Femme. En fait, d'après *La Maison suspendue*, Josaphat est le père véritable de Gabriel, donc le beau-père de la Grosse Femme... Laura, beaucoup plus jeune que Gabriel et sa femme, serait alors la demi-sœur de Gabriel et une belle-sœur de la Grosse Femme. Il y a du secret dans ces relations de famille, et l'on peut considérer les deux obèses comme de vagues cousines...

3 « Pourriture, c'est nourriture », écrivait Victor Hugo à propos de la pieuvre, dont la bouche est en même temps l'anus... (*Les Travailleurs de la mer*).

Conclusion
Les avatars du Rêve

Au terme de cette étude, on peut chercher à marquer l'évolution thématique des Chroniques en examinant d'abord la succession de figures exemplaires.

Dans *La Grosse Femme d'à côté est enceinte*, l'héroïne éponyme incarne certes la problématique de la maternité et du jaillissement vital qui constitue l'essentiel du roman. Malgré sa position en retrait de la vie du quartier et même de la famille, recluse qu'elle est dans sa chambre, la Grosse Femme représente mieux que tout autre personnage cette existence aurorale et pré-tragique que l'auteur a voulu peindre dans ses romans, pour faire pendant à son théâtre qui est généralement tragique (malgré ses côtés burlesques). L'obésité est ici l'accompagnement nécessaire de la fonction symbolique lunaire, de la plénitude qui caractérise la lune dans son état le plus accompli.

Une autre lune règne sur *Thérèse et Pierrette à l'école des Saints-Anges*, mais il s'agit d'une contre-lune ou d'une lune noire, la grosse mère Benoîte des Anges, laquelle fait bon ménage avec la très stérile Immaculée Conception qu'impose le reposoir. On peut voir là un premier pas vers le tragique, puisque les grinçantes premières amours entre Thérèse et Gérard nous orientent déjà vers le pathétique interlope dont tout le théâtre de Tremblay nous entretient.

La Duchesse et le roturier et *Des nouvelles d'Édouard* ont aussi pour centre une présence lunaire et obèse, mais elle est double, mi-masculine, mi-féminine ; mi-bénéfique, mi-maléfique. Édouard, travesti, sait accoucher d'un monde de fantaisie qui a le rire pour inspiration, mais sa gaieté, essentiellement parodique, a quelque chose de stérile et de désespéré.

Enfin, Marcel, cousin et héros de l'enfant de la Grosse Femme dans *Le Premier Quartier de la lune*, devient le grassouillet et pathétique raté d'*Un objet de beauté*. Il est gros, trop gros, il est un enfant dans un corps d'homme, comme Édouard était une femme dans un corps d'homme, mais voilà que la dualité n'est plus possible à supporter. Tout le génie de l'enfant mal vieilli se brise sur l'écueil de l'absence du père, et la folie triomphe enfin de lui. Être un homme, rien qu'un homme, quand on a porté en soi le Rêve, mène au désastre. La Lune, la mère, était *sûre*, elle existait pleinement. La duchesse n'existait qu'à moitié et meurt dans un parking, à ras de terre. Marcel survit, mais il est détruit.

D'obèse en obèse, on est donc passé de la vie à la mort, de la Mère heureuse au Fils impossible, du féminin au masculin, du rire joyeux au sarcasme puis au cri de « désespoir éternel » (p. 1170).

■ ■ ■

Si l'on veut caractériser avec plus de précision la dimension du Rêve qui se trouve en jeu dans cette démarche, l'on observera que, dans son sens le plus riche, posé dès le début des Chroniques, le Rêve recouvre le fantastique, c'est-à-dire cet autre versant du monde, irréel, magique, d'une beauté et d'une harmonie grandioses, sur lequel règnent Florence et ses filles. Josaphat y a accès, lui qui a été formé par les tricoteuses (p. 382). Et il parle de la chance qu'il a eue « de pouvoir goûter à tout ça alors que les autres étaient condamnés à la médiocrité de leur vie quotidienne » (p. 382-383). Ce merveilleux, accessible aux chats et à quelques fous, on peut dire qu'il l'est aussi et avant tout au poète, en l'occurrence Josaphat (qui n'est sans doute pas un fou, mais à qui Victoire demande : « As-tu passé toé aussi ta vie fou sans jamais le dire à parsonne ? » — p. 382). Josaphat est qualifié, dans *La Grosse Femme*, de poète par sa fille : « Mon pére ? C't'un poète, mon pére... Y'a pas les pieds su'a terre pantoute. Y dit qu'y est capable d'allumer la lune mais y se promène en pleine rue la fly baissée ! » (p. 172). Quant à Marcel, on sait qu'il deviendra fou, mais son attitude, quand il est enfant, ressemble beaucoup à celle du poète, et c'est sans doute l'attitude la plus radicalement vouée au rêve puisque Albertine, partisane farouche de la réalité, la condamne absolument :

> Si j'ai donné au monde un fou j'vas tout faire pour qu'y guérisse mais si j'y ai donné un poète j'ai ben peur qu'y'aye pas de remède, pis j'me le pardonnerai jamais !
> (p. 294)

Elle fera tout, en tout cas, pour transformer le poète en fou et maintenir sa mainmise sur lui.

Le rêve, sous une forme dégradée, quand il est bassement exploité par une religion démagogique, va donner le reposoir ; mais sous sa forme la plus authentique, il va s'incarner dans le salon des tricoteuses, « tellement rempli de belles choses étranges et inutiles que chaque visite [que Marcel] y faisait se transformait en une découverte du monde » (p. 295). Et la découverte majeure que fait Marcel est celle de la musique, plus précisément du piano dont joue Mauve. Florence parle de la musique exactement comme Josaphat, dans *La Grosse Femme*, parlait du rêve. Elle affirme : « Ça existe pour consoler. Pour récompenser. Ça aide à vivre » (p. 309). Formules que

Tremblay a peut-être empruntées au *Caligula* de Camus
— dont le héros demande la lune, comme les cinq
Albertine de la pièce *Albertine en cinq temps*... Dans
Caligula, le jeune Scipion dit : « Tous les hommes ont une
douceur dans la vie. Cela les aide à continuer. C'est vers
elle qu'ils se retournent quand ils se sentent trop usés »
(fin de l'Acte II).

Le merveilleux associé à la musique, dans le salon
des Muses, est infiniment plus délicat et enchanteur que
celui imaginé par la religion pour exciter la dévotion des
fidèles. Tout comme dans l'épisode de Marcel chez le
marchand de musique, on croirait lire, au début du moins,
la description que fait Proust de la petite phrase de la
sonate de Vinteuil[1] :

> [...] la musique s'éleva dans la maison, étonnante de
> pureté transparente comme un matin de printemps
> quand la brume vient de se lever et que le soleil est enfin
> désaltéré, ronde, lisse et pourtant impérieuse [...].
> (p. 308)

Telle que la décrit Tremblay, la musique est une sorte
de lune en plein jour (« ronde, lisse et pourtant impé-
rieuse ») ; elle est à la fois immatérielle et souveraine,
régnant sur toute chose. Elle peut contenir toute l'intensité de la vie, des aspirations humaines, se substituer à la
réalité qui ne satisfait jamais le désir. Et un sadisme
ludique, on pourrait dire tonique, semblable à celui qui
inspire en pensée la destruction de leurs ennemis à
Simone, sœur Sainte-Catherine, Richard ou Marcel[2],
assure le saccage du réel par le rêve : la musique « sub-
jugu[e] tout ce qui [vit] et pulvéris[e] le reste, anéanti[t]
les objets... » (*Ibid.*) « La maison n'existait plus, seule
l'extase dans la musique subsistait, écrasante et dévasta-
trice » (*Ibid.*). « Le temps était suspendu et pourtant
défoncé, hachuré, troué par les notes de musique [...] »

— ce qui nous rappelle le sort réservé par Duplessis à ses phantasmes (p. 16) ! Et le piano apparaît à Marcel comme une bête inquiétante (p. 308), qui pourrait le manger : un ogre ! Quand Mauve se remet au piano, Duplessis rêve de grandes cruautés (p. 309). Qu'est-ce à dire ? La lune, on s'en souvient, est aussi bien le gros œil méchant que la sphère maternelle et protectrice, et cette ambiguïté du symbole est naturellement présente dans un roman carnavalesque où les contraires s'attirent les uns les autres. Mais c'est parce que la Lune est bonne *et* mauvaise que sa bonté est inégalable.

La musique et le salon des Tricoteuses qui lui est associé apparaissent donc comme l'incarnation même de la beauté et du Rêve — comme le contraire du reposoir qui, au nom de la religion, trahit l'un et l'autre. Le côté intimiste du piano s'oppose aussi au côté spectaculaire, public, du reposoir.

Dans les deux premiers tomes des Chroniques, le Rêve a donc quelque chose de grandiose et de surnaturel, définit l'espace d'une transcendance.

Les romans suivants introduiront une différence sensible, que la mise en avant du personnage d'Édouard permet de comprendre. Dans le rêve tel qu'il le vit, qu'il l'organise, entrent de la bouffonnerie et de la parodie. Il y entre l'imitation, forcément sacrilège, des grandes vedettes qui, elles, habitent de plain-pied dans le merveilleux. Édouard vit de rêve, mais en parasite. Josaphat-le-Violon, de ce point de vue, est de loin supérieur à son neveu. Il est une sorte de créateur, et le dépositaire de tout le merveilleux populaire, qu'il peut réactualiser et continuer de développer. Il a le sens du sacré — un sacré, on le sait, qui n'a rien à voir avec la religion catholique, un sacré « païen » en quelque sorte — et il a le respect des êtres. La gifle qu'il donne à Édouard, dans *La Grosse Femme*, quand ce dernier se moque étourdiment de l'infirmité maternelle, marque son autorité et restaure, au sein du carnaval, le sens des valeurs. Il dit à son bouffon de neveu : « Des fois j'te trouve drôle, gros sans dessein, mais ris jamais de ta mére devant moé ! » Dans la sphère du carnaval, le rire est la valeur suprême, toutes choses lui sont subordonnées. Et Édouard est bien l'homme du rire, le bouffon. Josaphat met quelque chose au-dessus du rire (et du carnaval) et, significativement, c'est la mère, en l'occurrence Victoire. Plus loin, ce sera la lune. Le rêve de Josaphat est compatible avec le sérieux du monde alors que celui d'Édouard est dénué de poésie, consiste simplement à s'élever par le rire au-dessus du réel immédiat, mais sans le quitter vraiment, sans le transformer en autre chose et accéder à la transcendance.

La position d'Édouard apparaît faible à côté de celle de Josaphat, mais elle est indiscutablement supérieure à celle des « petits nouveaux » dont se plaint la duchesse dans le Prélude *Des Nouvelles d'Édouard*, ceux qui hantent la rue Saint-Laurent, notamment les transsexuels, victimes des petits barons de la pègre comme Maurice, qui gagne son argent sur leur dos (p. 615). Et c'est là que le rire d'Édouard apparaît comme bénéfique et même salvateur :

> Dans not'temps… non… dans *mon* temps, on se mettait su'l'dos n'importe quoi qu'avait l'air d'une robe pis l'imagination faisait le reste… Au moins, on n'était pas sérieuses… pis on avait du fun ! Du fun, Seigneur Dieu, du fun ! Aujourd'hui, y se font toute couper en pensant que ça va toute changer pis y sont condamnés à pus *jamais* avoir de fun… ni d'en bas parce qu'y'ont pus rien, ni d'en haut parce qu'y'ont la tête bourrée par toutes les mardes qui courent la *Main* ! (p. 616)

Édouard apparaît donc comme l'homme du *fun*, c'est-à-dire du rêve fait rire, du carnaval, et à ce titre, il assume une position importante au sein de la *Main*, celle de destinateur (ou de destinatrice !), de bonne fée à qui les familiers des bars, des petits enfers ou paradis artificiels, doivent une bonne partie de leur éducation au rêve — un rêve tourné malgré tout vers les valeurs de la vie (qui ne sont pas celles, plates à mourir, de la réalité).

Il importe de souligner, une fois de plus, que c'est bien le conflit rêve-réalité qui représente l'articulation majeure des Chroniques, sur le plan thématique. Le rêve coïncide avec l'instance maternelle qui est au centre du monde et au centre de chaque vie ; la réalité coïncide avec l'exil que vit chacun par rapport à cette présence originelle bienfaisante.

Or, au début des Chroniques, le rêve se tient au-dessus de la réalité, au-dessus du monde carnavalesque, qu'il éclaire de sa lumière bénéfique, signifiant à la fois une évasion et un absolu. Mais dans les troisième et quatrième tomes, le rêve n'existe plus guère comme instance séparée, transcendante (les tricoteuses ont d'ailleurs presque disparu) ; il est descendu dans le monde, s'est identifié au carnaval en la personne d'Édouard, roturier et duchesse, vendeur de chaussures et fiction ambulante — fiction de femme belle et imposante justement, c'est-à-dire incarnation de la Mère : Édouard devient duchesse après la mort de Victoire, et c'est comme s'il devenait la Mère disparue, renaissait dans ses *langes* (duchesse de Langeais) adorés.

Le deuxième roman, *Thérèse et Pierrette*, faisait lui aussi descendre le rêve sur terre, avec ce reposoir et ces groupes vivants qui étaient la manifestation, par nature burlesque, du merveilleux chrétien. Thérèse déguisée en Bernadette Soubirous, Pierrette déguisée en sainte Vierge sont des préludes au travestissement d'Édouard.

Le conflit rêve/réalité s'est donc inscrit de plus en plus concrètement au cœur du monde, et en même temps il s'est déplacé sur le terrain de l'individualité. C'est ainsi que, enfermant le rêve et la réalité dans un seul homme, la chronique s'est finalement donné un centre, qui n'est certes pas un centre plein, cohérent, tranquille mais un centre clivé, impur, baroque, éclaté comme le rire et comme la vie.

Ce centre reste aussi clivé dans *Le Premier Quartier de la lune*. Il conjoint ce funambule en équilibre précaire entre raison et folie qu'est Marcel et l'enfant de la Grosse Femme, son double raisonnable. Le roman a été écrit après *Le Cœur découvert*, sorte de roman intimiste, pas du tout carnavalesque, dans lequel, sur le ton de la chronique sérieuse, Michel Tremblay abordait les problèmes de la vie de couple qui se posent à deux homosexuels. Ce qui frappe dans *Le Premier Quartier de la lune*, c'est précisément la disparition de la dimension carnavalesque et l'épanouissement d'une veine intimiste et poétique qui s'était relativement peu manifestée à l'intérieur des Chroniques. Certes, il y avait la découverte que fait Marcel de la musique lorsque, pour la première fois, Mauve se met devant lui au piano (*Thérèse et Pierrette*), et quelques autres passages où l'on voyait les personnages sensibles à la beauté des choses, à l'enchantement du printemps ou d'un coucher de soleil. Il y avait aussi le Journal d'Édouard, qui a déçu beaucoup de lecteurs parce que la veine carnavalesque s'y réalisait plutôt mal, cédant la place justement à une note intimiste qu'on n'avait pas l'habitude de voir associée au personnage. Si l'on replace le Journal d'Édouard dans le contexte de l'ensemble des Chroniques, on comprend ce qui peut faire sa nécessité et son intérêt : c'est justement d'introduire une dimension d'intimité soutenue, entreprise qui prendra tout son sens en rapport avec la figure de l'enfant de la Grosse Femme — projection immédiate de l'auteur — dans le roman suivant.

L'enfant de la Grosse Femme est désormais au centre du petit monde de la rue Fabre, mais il est surtout le témoin d'un être privilégié, qui résume en lui tout le tragique du conflit entre le rêve et la réalité. Marcel a maintenant quatorze ans, il est épileptique, il a du génie mais s'enfonce de plus en plus dans la folie. Son rapport avec le rêve, tel que représenté par Duplessis et les tricoteuses, s'en trouve compromis : désormais, Duplessis est plein de trous, il est en train de disparaître (un peu comme le chat dans *Alice au pays des merveilles*, dont il ne reste à la fin que le sourire flottant dans l'air); et les tricoteuses, qui veillaient depuis toujours sur la famille de Victoire, déménagent et abandonnent Marcel à son sort.

L'enfant de la Grosse Femme aurait voulu partager avec Marcel l'accès au merveilleux, connaître le chat Duplessis, les tricoteuses, être initié au Rêve. Comme la Grosse Femme, sa mère, il a beaucoup d'imagination et la lecture le passionne. Cependant, comme la Grosse Femme, il a les deux pieds sur la terre — en ce sens qu'il refuse le « mensonge », contrairement à Marcel (voir p. 570) — et sa solution existentielle va consister, non pas à s'identifier à son cousin mais à le piller, à s'inspirer de ses contes, de ses images, de ses fantasmes, à puiser dans ce trésor que le génie seul peut constituer, mais sous peine de folie. L'enfant va s'approprier l'imaginaire, le Rêve, en toute impunité, sans risquer sa raison dans cette entreprise.

De ce point de vue, l'enfant de la Grosse Femme rappelle Édouard pillant les nombreuses vedettes féminines de la scène ou de l'écran, ou s'appropriant l'identité de la duchesse de Langeais. Il est celui qui vient en second, il est l'analogue aussi de tous ces témoins, ces espions dont nous parlent les Chroniques — Marie-Sylvia, qui surveille tout de derrière sa vitrine; les tricoteuses, témoins et gardiennes de la famille de Victoire; Marie-Louise Brassard, « les yeux dans le rideau »; Richard, que sa grand-mère accuse de l'espionner, et qui l'espionne en effet; la Grosse Femme, présente à tout ce qui se passe du fond de sa chambre, et lectrice impénitente, témoin de vies fictives innombrables, témoin aussi d'Édouard qui lui raconte ses aventures; mère Benoîte des Anges, qui surveille méchamment son couvent et son école; Gérard

Bleau, qui épie Thérèse; le poulailler qui se régale du spectacle des vedettes, et tant d'autres personnages qui vivent de la vie des autres.

Et c'est ainsi que l'enfant de la Grosse Femme se prépare à devenir écrivain, tout comme le narrateur, dans *Le Temps retrouvé*, dernier tome de *À la recherche du temps perdu*, prend soudain conscience de son destin.

■ ■ ■

L'écrivain, tel que le conçoit Michel Tremblay, n'a donc pas un rapport direct avec le secret du monde, avec le rêve qui est la Mère. Un tel rapport direct, non médiatisé par la présence paternelle, ne peut être que maléfique. L'écrivain refuse la fusion avec l'objet du désir, il est celui qui regarde l'autre réaliser à sa place, jusqu'à la folie et jusqu'à la mort, la fusion avec la présence originelle, source de tout le bonheur mais, en même temps, catastrophe irréparable.

L'écrivain ce n'est pas le «génie» (Marcel), qui est certes capable de concevoir, mais non de *réaliser*, d'inscrire le rêve dans la réalité. L'écrivain est l'homme ordinaire (l'enfant de la Grosse Femme), qui reste en deçà de ses capacités, connaît des périodes de latence, peut passer pour un raté (voir *Un objet de beauté*, p. 1096). Ce n'est pas Nelligan, foudroyé dans sa raison comme Marcel, mais c'est Michel Tremblay, qui raconte Nelligan amoureux de sa mère et condamné, pour cela, à sombrer dans l'abîme du Rêve[3].

► **NOTES**

1   Proust écrit : « [...] dans le velouté d'une lumière interposée, la petite phrase apparaissait, dansante, pastorale, intercalée, épisodique, appartenant à un autre monde. Elle passait à plis simples et immortels, distribuant çà et là les dons de sa grâce, avec le même ineffable sourire [...] » (*Du côté de chez Swann*, Livre de poche, p. 261.)

2   Dans *Thérèse et Pierrette*, Simone puis sœur Sainte-Catherine assassinent joyeusement en rêve, avec un luxe de tortures sanglantes, leur ennemie commune, mère Benoîte des Anges. Richard, dans le premier roman des Chroniques, imagine de féroces sévices contre son jeune frère Philippe, dont il est le souffre-douleur. Marcel, dans son scénario de film (*Un objet de beauté*), fouette à mort son père retrouvé. Le prototype de ces carnages dignes de Lautréamont se trouve dans les rêveries de Duplessis et de Godbout (le chien et le chat, il va sans dire !).

3   Michel Tremblay, *Nelligan*, Montréal, Leméac, 1990, 90 p.

Bibliographie des ouvrages cités

Œuvres de Michel Tremblay

Chroniques du Plateau Mont-Royal, Montréal, Leméac/Actes Sud, « Thesaurus », 2000, 1180 pages. Comprend :

> *La Grosse Femme d'à côté est enceinte* (1978)
> *Thérèse et Pierrette à l'école des Saints-Anges* (1980)
> *La Duchesse et le roturier* (1982)
> *Des nouvelles d'Édouard* (1984)
> *Le Premier Quartier de la lune* (1989)
> *Un objet de beauté* (1997)

Contes pour buveurs attardés, Montréal, Éditions du Jour, 1966, 158 pages.

La Cité dans l'œuf, Montréal, Éditions du Jour, 1969, 177 pages.

C't'à ton tour, Laura Cadieux, Montréal, Éditions du Jour, 1973, 137 pages.

Le Cœur découvert, Montréal, Leméac, 1986, 318 pages.

Les Vues animées, Montréal, Leméac, 1990, 189 pages.

Douze Coups de théâtre, Montréal, Leméac, 1992, 267 pages.

Le Cœur éclaté, Montréal, Leméac, 1993, 311 pages.

Un ange cornu avec des ailes de tôle, Montréal, Leméac/Actes Sud, 1994, 246 pages.

La Nuit des princes charmants, Montréal, Leméac/Actes Sud, 1995, 222 pages.

Quarante-quatre minutes quarante-quatre secondes, Leméac/Actes Sud, 1997, 358 pages.

Théâtre I, Montréal, Leméac/Actes Sud, « Papiers », 1991, 442 pages. Comprend :

> *Les Belles-Sœurs ; La Duchesse de Langeais ; À toi pour toujours, ta Marie-Lou ; Hosanna ; Bonjour, là, bonjour ; Sainte Carmen de la Main ; Damnée Manon, sacrée Sandra ; Les Anciennes Odeurs ; Albertine en cinq temps* et *Le Vrai Monde ?*

En pièces détachées, Montréal, Leméac, 1970, 94 pages. (2ᵉ édition revue et corrigée, 1972, 92 pages)

La Maison suspendue, Montréal, Leméac, 1990, 119 pages.

Nelligan (livret d'opéra), Montréal, Leméac, 1990, 90 pages.

Études

I – sur Michel Tremblay

Barrette, Jean-Marc, *L'Univers de Michel Tremblay. Dictionnaire des personnages*, Montréal, Presses de l'Université de Montréal, 1996, 544 pages.

Boulanger, Luc, *Pièces à conviction. Entretiens avec Michel Tremblay*, Montréal, Leméac, 2001, 180 pages.

David, Gilbert et Pierre Lavoie, dir., *Le Monde de Michel Tremblay*, Montréal et Carnières (Belgique), Cahiers de théâtre Jeu/ Éditions Lansman, 1993, 478 pages.

Gauvin, Lise, « Michel Tremblay et le théâtre de la langue » dans *Langagement*, Montréal, Boréal, 2000, 254 pages.

Mailhot, Laurent, « Michel Tremblay, ou le roman-spectacle » dans *Ouvrir le livre*, Montréal, L'Hexagone, 1992, 354 pages.

Pelland, Ginette, *Hosanna et les duchesses. Étiologie de l'homosexualité masculine de Freud à Tremblay*, Montréal, La Pleine Lune, 1994, 210 pages.

Piccione, Marie-Lyne, *Michel Tremblay, l'enfant multiple*, Bordeaux, Presses universitaires de Bordeaux, 1999, 197 pages.

II – autres

Allard, Jacques, *Le Roman du Québec. Histoire. Perspectives. Lectures*, Montréal, Québec Amérique, 2000, 459 pages.

Beauvoir, Simone de, *La Force des choses*, Paris, Gallimard, 1963, 688 pages.

Genette, Gérard, *Figures III*, Paris, Seuil, 1972, 286 pages.

Greimas, A.J., *Sémantique structurale*, Paris, Larousse, 1966, 262 pages.

Greimas, A.J. et Courtés, J., *Sémiotique, dictionnaire raisonné de la théorie du langage*, Paris, Hachette université, 1979, 424 pages.

Laplanche, J. et Pontalis, J.B., *Vocabulaire de la psychanalyse*, Paris, Les Presses universitaires de France, 1971, p. 432.

Marcotte, Gilles, *Le Roman à l'imparfait. Essais sur le roman québécois d'aujourd'hui*, Montréal, Éditions La Presse, 1976, 196 pages.

Marcotte, Gilles, *Écrire à Montréal*, Montréal, Boréal, 1997, 182 pages.

Mauron, Charles, *Des métaphores obsédantes au mythe personnel. Introduction à la psychocritique*, Paris, José Corti, 1964, 380 pages.

Tadié, Jean-Yves, *La Critique littéraire au XXe siècle*, Paris, Belfond, 1987, 318 pages.

Collection
Les Cahiers
du Québec

MEMBRE DE SCABRINI MEDIA

Québec, Canada
2002